我们党来自人民、扎根人民、造福人民，全心全意为人民服务是党的根本宗旨，必须以最广大人民根本利益为我们一切工作的根本出发点和落脚点，坚持把人民拥护不拥护、赞成不赞成、高兴不高兴作为制定政策的依据，顺应民心、尊重民意、关注民情、致力民生，既通过提出并贯彻正确的理论和路线方针政策带领人民前进，又从人民实践创造和发展要求中获得前进动力，让人民共享改革开放成果，激励人民更加自觉地投身改革开放和社会主义现代化建设事业。

——习近平

《在庆祝改革开放四十周年大会上的讲话》

（2018年12月18日）

人民是我们党执政的最大底气，是我们共和国的坚实根基，是我们强党兴国的根本所在。我们党来自于人民，为人民而生，因人民而兴，必须始终与人民心心相印、与人民同甘共苦、与人民团结奋斗。每个共产党员都要弄明白，党除了人民利益之外没有自己的特殊利益，党的一切工作都是为了实现好、维护好、发展好最广大人民根本利益；人民是历史的创造者、人民是真正的英雄，必须相信人民、依靠人民；我们永远是劳动人民的普通一员，必须保持同人民群众的血肉联系。

——习近平

《在"不忘初心、牢记使命"主题教育工作会议上的讲话》

（2019年5月31日）

实现中华民族伟大复兴，必须坚持以人民为中心。人民是历史的创造者，是决定党和国家前途命运的根本力量。中国共产党来自人民、植根人民，初心和使命是为中国人民谋幸福、为中华民族谋复兴，根本宗旨是全心全意为人民服务。我们要坚持一切为了人民、一切依靠人民，保持同人民的血肉联系，紧紧依靠人民开拓事业新局面，促进全体人民共同富裕。

——习近平

《在纪念中国人民抗日战争暨世界反法西斯战争胜利七十五周年座谈会上的讲话》

（2020年9月3日）

以人民为中心：
中国治理的核心密码

People Centered:
The Core Password of China's Governance

张占斌　薛伟江◎主编

策划编辑：郑海燕

责任编辑：郑海燕

封面设计：吴燕妮

责任校对：周晓东

图书在版编目（CIP）数据

以人民为中心：中国治理的核心密码/张占斌,薛伟江 主编. —北京：
  人民出版社,2022.10
ISBN 978－7－01－025055－7

Ⅰ.①以… Ⅱ.①张…②薛… Ⅲ.①国家-行政管理-研究-中国
Ⅳ.①D630.1

中国版本图书馆 CIP 数据核字（2022）第 168213 号

以人民为中心：中国治理的核心密码
YI RENMIN WEI ZHONGXIN ZHONGGUO ZHILI DE HEXIN MIMA

张占斌　薛伟江　主编

人民大敝社 出版发行
（100706 北京市东城区隆福寺街 99 号）

中煤（北京）印务有限公司印刷　新华书店经销

2022 年 10 月第 1 版　2022 年 10 月北京第 1 次印刷
开本:710 毫米×1000 毫米 1/16　印张:16
字数:200 千字

ISBN 978－7－01－025055－7　定价:80.00 元

邮购地址 100706　北京市东城区隆福寺街 99 号
人民东方图书销售中心　电话（010）65250042　65289539

目　　录

前　言

坚持以人民为中心的发展思想
推动增强民生福祉国家治理的伟大实践

　　党的十八大以来，以习近平同志为核心的党中央坚守马克思主义人民立场，坚持以人民为中心的发展思想，推动增强民生福祉国家治理的伟大实践，图景壮美、成就卓著。我国国内生产总值从 2012 年的 53.9 万亿元提升到 2021 年的 114.4 万亿元，占世界经济比重从 11.4% 提升到 18% 以上。人均国内生产总值超过 1.2 万美元，接近高收入国家门槛。已经成为世界第二大经济体、第一大工业国、第一大货物贸易国、第一大外汇储备国，国家经济实力、科技实力、综合国力跃上新台阶，人民群众有了更多的获得感幸福感安全感。如果说中国治理有密码，以马克思主义武装起来的中国共产党人，坚守人民立场，坚信人民至上，坚持以人民为中心的发展，这就是密码。

一、坚持以人民为中心的发展思想，为伟大实践提供价值遵循和方向指引

　　党的十八大以来，我国经济社会面临增长速度换挡期、结构调整阵痛期、前期刺激政策消化期"三期叠加"的复杂局面，人民群众对发展的要求已经由过去"有没有"变成了"好不好"期待，党中央解放思想、实事求

是、守正创新，研判新常态趋势下传统发展模式难以为继，强调要坚持以人民为中心的发展思想，走出一条人民需要的高质量发展道路，伟大实践有了价值遵循和方向指引。

第一，坚持以人民为中心的发展思想，展现了党把人民对美好生活的向往作为价值追求的奋斗目标。党的十九大对新时代的社会主要矛盾的转化有了新的判断，是人民日益增长的美好生活需要和不平衡不充分的发展之间的矛盾。主要矛盾的转化是个重大的理论与实践问题。这反映了我国社会发展的巨大进步，也反映了党和国家事业发展的重点要求。习近平总书记强调，人民对美好生活的向往就是我们的奋斗目标。坚持以人民为中心的发展，突出强调了党要代表中国最广大人民根本利益，要紧紧抓住社会主要矛盾来确定中心工作。如此，进一步解放和发展生产力，努力为人民创造更美好更幸福的生活，就是时代要求。

第二，坚持以人民为中心的发展思想，表达了党依靠人民群众创造历史伟业的雄心壮志。党的百年奋斗有一条重要经验就是坚持党的群众路线，到任何时候都要有人民的支持。坚持以人民为中心的发展，就是坚持人民主体地位，充分调动人民积极性，依靠人民群众创造历史奇迹。就是要始终牢记江山就是人民，人民就是江山。习近平总书记强调时代是出卷人，我们是答卷人，人民是阅卷人。这体现了人民是历史创造者、人民是真正英雄的历史唯物主义的基本观点，也表达了新时代党依靠人民群众追求更大成功的坚强意志。

第三，坚持以人民为中心的发展思想，揭示了以经济建设为中心推动高质量发展的迫切要求。新时代社会主要矛盾的变化没有改变我国仍处于社会主义初级阶段的判断，"以经济建设为中心是兴国之要，发展仍是解决我国所有问题的关键"，也就是说，以经济建设为中心是不能动摇的。那么，以经济建设为中心与以人民为中心是什么关系呢？是内在统一的,是相互促进的,以人民为中心为以经济建设为中心提出了质的规定性,要求以经济建设为中心内涵必然包含经济与政治、文化、社会、生态文明建设平衡发展、兼顾发展的时代课题。诚如习近平总书记指出,"坚持以经济建设为中心是党的基本路线的要求,全党都要聚精会神贯彻执行,推动经济实现质的稳步提升和量的合理增长"。

第四,坚持以人民为中心的发展思想,明确了朝着实现全体人民共同富裕不断迈进的前进方向。新时代把逐步实现全体人民共同富裕摆在更加重要的位置上,我们已经到了扎实推进共同富裕的历史阶段。坚持以人民为中心的发展,就是要坚持发展是硬道理,不断通过高质量的发展把"蛋糕"做大,同时通过制度的完善把"蛋糕"分好。我们追求的发展是造福人民的发展,我们追求的富裕是全体人民的共同富裕,要让发展成果更多更公平惠及全体人民,不断促进人的全面发展。

第五,坚持以人民为中心的发展思想,描绘了以中国式现代化推动中华民族的伟大复兴的未来蓝图。党领导人民成功推进了中国式现代化,创造了人类文明新形态。坚持以人民为中心的发展,是我们推进中国式现代化的一条红线,是实现中华民族伟大复兴的必由之路。中国式现代化是人口规模巨大的现代化、全体人民共同富裕的现代化、物质文明和精神文明相协调的现代化、人与自然和谐共生的现代化、走和平发展道路的现代化。新时代提出了两个百年的奋斗目标,并以中国式现代化扎实推动中华民族伟大复兴,鼓舞人心。

二、坚持以人民为中心的发展思想,为伟大实践提供问题导向和路径选择

坚持以人民为中心的发展,要求我们必须站在新发展阶段,认真贯彻

新发展理念,加快构建新发展格局,在实践中把推动经济由高速增长转向高质量发展落到实处,切实增强人民群众获得感幸福感安全感。

其一,明确中国特色社会主义进入新时代和新发展阶段的历史方位,开启全面建设社会主义现代化国家的新征程。按照党中央的部署,中华民族伟大复兴战略全局和世界百年未有之大变局是我们谋划工作的基本出发点。在全面建成小康社会的基础上,进而开启全面建设社会主义现代化国家的新征程,也就是开启全面建成社会主义现代化强国的新征程。从2020年到2035年基本实现社会主义现代化,从2035年到本世纪中叶,把我国建成社会主义现代化强国。到那时我国物质文明、政治文明、精神文明、社会文明、生态文明将全面提升,实现国家治理体系和治理能力现代化,成为综合国力和国际影响力领先的国家,全体人民共同富裕基本实现,我国人民将享有更加幸福安康的生活,中华民族将以更加昂扬的姿态屹立于世界民族之林。现在,我们已经走在了向第二个百年进军的路上。

其二,揭示我国社会主要矛盾转化带来的新要求,以新发展理念推动经济从高速增长转向高质量发展。为适应我国社会主要矛盾转化和经济发展新常态的趋势性特征,党中央强调贯彻落实创新、协调、绿色、开放、共享的新发展理念是关系我国发展全局的一场深刻变革,不能简单以生产总值增长率论英雄,必须实现创新成为第一动力、协调成为内生特点、绿色成为普遍形态、开放成为必由之路、共享成为根本目的的高质量发展。按此要求,以深化供给侧结构性改革为主线,以扩大内需为战略基点,加快建设现代化经济体系,成为中国大地上的突出亮点。2013年至2021年的9年间,我国经济实现了年均6.5%的中高速增长。国内生产总值从2012年的53.9万亿元提升到2021年的114.4万亿元。贸易规模从2012年的3.8万亿美元增长到2021年超过6万亿美元,外汇储备规模 2021 年年底稳定在 3.2 万亿美元以上。逐渐走出了更高质量、更有效率、更加公平、更可持续、更为安全的发展之路。

其三，打赢精准脱贫、决胜全面建成小康社会的攻坚战，把扎实推动共同富裕摆在了更加重要的位置。实施脱贫攻坚战，全国 832 个贫困县全部"摘帽"，12.8 万个贫困村全部出列，近 1 亿农村贫困人口历史性地解决了绝对贫困问题，全面建成小康社会。面对世纪疫情，坚持人民至上、生命至上，统筹疫情防控和经济社会发展，抗疫斗争取得重大战略成果。在收入分配、就业、教育、社会保障、医疗卫生、住房保障等方面推出系列重大举措。实施就业优先政策，优先发展教育事业，中等收入群体总量超过 4 亿人，形成全球规模最大、最具成长性的中等收入群体。2021 年居民人均可支配收入达到 3.5 万元。建成世界上规模最大的社会保障体系，10.29 亿人拥有基本养老保险，参保率超过 91%，13.6 亿人拥有基本医疗保险，参保率稳定在 95% 以上。全面推进健康中国建设，引导医疗卫生工作重心和资源下沉，2021 年每千人口医疗卫生机构床位数增长到 6.7 张，每千人口执业（助理）医师数增长到 3.08 人。完善重大疫情防控体制机制、健全国家公共卫生管理服务体系，出台《国家基本公共服务标准》，建立基本公共服务清单制度，推进城乡基本公共服务均等化。积极应对人口老龄化，调整优化生育政策。累计建设各类保障性住房和棚改安置房 8000 多万套，帮助 2 亿多困难群众改善住房条件，城乡居民人均住房面积超过 40 平方米。加强社会治理，推动治理重心下移，坚持和发展"枫桥经验"，建设平安中国。

其四，强化市场在资源配置中起决定性作用和更好发挥政府作用，努力推动国家治理体系和治理能力现代化。我党注重政府与市场的互动关系，建设更高水平的市场经济体制，促进有效市场和有为政府的有机结合。毫不动摇巩固和发展公有制经济，毫不动摇鼓励、支持、引导非公有制经济发展,支持国有资本和国有企业做强做优做大;构建亲清政商关系,促进非公有制经济健康发展和非公有制经济人士健康成长。保护市场主体和调动企业家的积极性创造性,2021年市场主体超过1.5亿户,有143家进入世界500强,成为世界第一。产权保护和要素市场制度建设取得积极进展,市场准入负面清单制度、公平竞争审查制度全面实施,规范引领资本健康发展,强化高标准市场体系建设,逐步推进电力、油气等重点行业改革深入。注重国家治理体系和治理能力现代化,把市场经济体制纳入社会主义基本经济制度,更加注重把经济制度优势转变为经济治理效能。

其五,实施创新驱动发展战略,把实现高水平的科技自立自强作为国家发展的战略支撑。加强原创性、核心性、引领性科技攻关,2021年全国研发经费投入强度为2.44%,达到发达国家平均水平,科技进步贡献率超过60%。全球创新指数排名从2012年的第34位跃升至2021年的第12位。在人工智能、量子信息、集成电路、生命健康、脑科学等前沿重点领域,系统谋划重大战略项目布局,尽力解决"卡脖子"问题。在量子通信、高速铁路、载人航天、探月工程、射电望远镜、C919大飞机、载人深潜、超级计算机等领域实现历史性跨越。加强基础研究,强化知识产权创造、保护、运用,建设国家实验室、国家产业创新中心、国家工程创新中心、国家企业技术中心、国际科技创新中心等,加快建设创新型国家和世界科技强国。全面实施去产能、去库存、去杠杆、降成本、补短板,推进制造强国建设,提振实体经济完善现代化基础设施体系和现代化流通体系,铁路总里程突破15万公里,高铁突破4万公里。万吨级及以上泊位数、内河航道通航里程位居世界第一。数字经济规模连续多年位居世界第二,网民规模、电子商务交易额稳居世界第一。建设智慧中国,5G网络覆盖全国所有地市和97%的县城,5G终端用户达5亿户。新型基础设施建设加快,

"东数西算"工程有序推进。

其六，坚持系统观念完善宏观经济治理并创新宏观调控思路和方式，以底线思维和战略定力统筹发展与安全。近些年来我国面临更为严峻的国家安全形势，为防止"黑天鹅""灰犀牛"事件发生，加强了重大风险防范，统筹发展与安全。建立健全高质量发展的指标体系、政策体系、标准体系、统计体系、绩效评价和政绩考核办法，完善推动高质量发展的制度环境。注重从民生福祉、绿色生态安全保障等方面优化指标体系，发挥预期性指标的导向作用。加强经济监测预测预警，做好宏观政策预研储备和政策评估，强化宏观政策统筹协调，建立宏观经济部门会商等机制，保持经济大盘稳定。增强宏观政策自主性，实施积极的财政政策和稳健的货币政策，推进"放管服"改革，激发各类市场主体特别是中小微企业活力，保护广大劳动者和消费者权益。防止金融脱实向虚，全面加强金融监管，坚决果断处理金融领域大案要案，精准"拆弹"化解金融领域风险。完善市场监管和互联网平台的反垄断规制，防止资本无序扩张和无序收缩。保障产业链供应链、粮食、能源资源、科技、网络信息、生态环境安全，坚决守住不发生系统性风险的底线。

其七，推动"四化"同步和统筹区域城乡协调，把以人为本的新型城镇化建设和精准脱贫与乡村振兴结合起来。工业化和信息化、先进制造业和现代服务业融合发展进程加速，制造业增加值连续12年位居世界首位，服务业增加值占国内生产总值比重从2012年的45.5%提高到2021年的53.3%。促进京津冀协同、长江经济带发展、粤港澳大湾区建设、长三角一体化、成渝双城经济圈融合、黄河流域生态保护和发展，高标准高质量建设雄安新区，都有不少亮点。西部大开发新格局，东北振兴新突破，中部地区高质量发展，东部地区加快发展，也有新特色。推进以人为核心的新型城镇化，常住人口城镇化率达到65%，农民工市民化有序推进,从过去的"乡土中国"转向现在的"城市中国"。把精准脱贫与实施乡村振兴战略结合起来,加快推进农业农村现代化。注重粮食安全和战略储备,全国粮食总产量保持在1.3万亿斤以上。实行最严格的耕地保护制度,推动种业自立自强、种源自主可控。

其八,依靠全面深化改革和更高水平开放,构建以国内大循环为主体、国内国际双循环相互促进的新发展格局。全面改革敢于真枪真刀,敢于啃硬骨头,推进经济、政治、文化、社会、生态文明和党建、军队国防体制改革。推动要素市场化和全国统一开放的市场体系建设,释放制度红利和发展动力。注重两个市场、两种资源,以参与全球经济治理和"一带一路"建设为重点,不断增强我国国际经济合作和竞争新优势,推动构建人类命运共同体。构建面向全球的高标准自由贸易区网络,设立海南自由贸易港和21个自由贸易区,推动规则、规制、管理、标准等制度型开放。中欧班列累计开行超过4.8万列,运送货物443.2万标箱。构建以国内大循环为主体、国内国际双循环相互促进的新发展格局,推进高水平的自立自强。

其九,注重从思想、法律、体制、组织、作风上全面发力,加强生态环境保护并推动绿色可持续发展。以前所未有的力度破解"国土之伤、民生之痛",像保护眼睛一样保护生态环境,绿水青山就是金山银山的理念深入人心。着力打赢污染防治攻坚战,深入实施大气、水、土壤污染防治三大行动计划,打好蓝天、碧水、净土保卫战;2021年全国地级及以上城市优良天数比率为87.5%;水环境质量明显改观,全国地表水优质水质断面比例达到84.9%;土壤环境风险得到有效管控,全国城市和县城生活垃圾基本实现无害化处理。实施主体功能区战略,建立国土空间开发保护制度,生态文明建设目标评价考核制度和责任追究制度,建立河湖长制、林长制和国家公园等。努力形成绿色发展方式与生活方式,建立绿色生产和消费的法律制度和政策导向。开展生态环境保护督察查处重大典型案件，解决人民群众反映强烈的突出环境问题。积极参与全球环境与气候治理，向世界作出"力争 2030 年前实现碳达峰、2060 年前实现碳中和"的庄严承诺。

三、坚持以人民为中心的发展思想，为伟大实践提供经验启示和持续动力

坚持以人民为中心的发展，揭示了我国发展的战略性有利条件，也指明了未来发展的必由之路，为伟大实践提供经验启示和持续动力。

一是坚持党对经济工作的集中统一领导和坚持以人民为中心发展的根本立场相统一。中国特色社会主义最本质特征和最大优势就是坚持中国共产党的领导。新时代加快构建党领导经济建设工作的新格局，不断完善党领导经济工作体制机制，加强对经济建设的顶层设计，制定国民经济和社会发展的"十三五""十四五"等规划，提高党领导经济工作的能力和水平。加强党的领导与坚持以人民为中心的发展是一致的，有了党的坚强领导，以人民为中心的发展思想才能落地实施。

二是坚持贯彻落实新发展理念的指导原则和坚持高质量发展的前进路径相统一。贯彻新发展理念是关系我国发展全局的一场深刻变革，表明我们对经济建设理论和规律认识的深化。新发展理念好，但不能停留在口号倡导上，要把新发展理念贯穿经济发展全过程和各领域，引领高质量发展。要以供给侧结构性改革为主线，提高供给体系质量和效率。同时，把需求侧管理与供给侧结构性改革结合起来，系统实施扩大内需战略，发挥消费对生产的引领性作用，实现更高水平需求和供给的动态平衡，努力构建并发挥超大规模市场优势。

三是坚持深化改革开放的创新方向和坚持完善社会主义基本经济制度相统一。新时代改革开启了由局部探索、破冰突围到系统集成、全面深化的转变，坚持问题导向，聚焦企业和群众"急难愁盼"，推动重要领域和关键环节改革走实走深，用改革的办法构建高水平的社会主义市场经济体制。党的十九届四中全会将我国的基本经济制度概括为："公有制为主体、多种所有制经济共同发展，按劳分配为主体、多种分配方式并存，社会主义市场经济体制。"三位一体的基本经济制度，是党领导人民的改革开放的伟大创造，决不能动摇。

四是坚持自主自立自强的意志、行动和坚持前瞻谋划、全局部署的系统观念相统一。追求自主自立自强，既虚心学习国外有益的发展经验，又保持本民族经济发展的独立性，既不走封闭僵化的老路，也不走改旗易帜的邪路，把科技自立自强作为国家发展的战略支撑，健全新型举国体制，强化国家战略科技力量，到任何时候都要把发展的主动权掌握在我们自己手中。在构建新发展格局中，注重发展的前瞻性、系统性、整体性和全局性，坚持全国一盘棋，更好发挥中央、地方和各方面积极性。

五是坚持在不确定不稳定的世界中谋求我国发展和坚持稳中求进的工作总基调相统一。当今世界很不太平，世纪疫情、俄乌冲突等，我国外部压力前所未有。我们要在较长时间不确定不稳定的世界中，学会把自己事情做好的真本领。这就要求坚持稳中求进总基调，到任何时候都要保持战略定力，以经济建设为中心，扎实有序推进"六稳""六保"工作。密切跟踪研判国内外形势发展变化，推动政策组合落地发力，防止政策合成和分解谬误，加强政策储备，防范化解重大风险。

六是坚持正确认识把握资本特性及行为规律和科学引导资本健康发展相统一。在我国以人民为中心的发展，不是一句口号。发展高水平社会主义市场经济非常需要资本的配合和支撑，非常需要资本创造更多的生产力,非常需要充分挖潜资本有序流动的潜力推动高质量发展。正确认识和把握资本特性及行为规律,不是不要资本,也不是想让资本恐慌,而是为了充分调动资本的积极性和"正能量"。依法加强对资本的有效引导和监管,消解资本的负面作用,为各类资本健康发展提供政策支持和引导,营造资本有序流动的市场环境和法治环境。

第一章 坚持国家治理的人民立场

2019 年,中国共产党十九届四中全会通过《中共中央关于坚持和完善中国特色社会主义制度、推进国家治理体系和治理能力现代化若干重大问题的决定》,提出要"坚持以人民为中心的发展思想,不断保障和改善民生、促进人民福祉,走共同富裕道路"。2020 年,中国共产党十九届五中全会又通过《中共中央关于制定国民经济和社会发展第十四个五年规划和 2035 年远景目标的建议》,指出要"坚持以人民为中心。坚持人民主体地位,坚持共同富裕方向,始终做到发展为了人民、发展依靠人民、发展成果由人民共享,维护人民根本利益,激发全体人民积极性、主动性、创造性,促进社会公平,增进民生福祉,不断实现人民对美好生活的向往"。2021 年,中国共产党十九届六中全会通过了《中共中央关于党的百年奋斗重大成就和历史经验的决议》,总结党的百年奋斗和重大成就,强调人民立场是中国共产党的根本立场,全心全意为人民服务是中国共产党的根本宗旨,"中国共产党自一九二一年成立以来,始终把为中国人民谋幸福、为中华民族谋复兴作为自己的初心使命,始终坚持共产主义理想和社会主义信念,团结带领全国各族人民为争取民族独立、人民解放和实现国家富强、人民幸福而不懈奋斗"。

这三份文件都凸显了我国国家治理体系和治理能力现代化的主线是始终坚持以人民为中心的发展思想。文件顺应了时代发展的趋势和人民对美好生活向往的价值诉求,充分彰显了以人民为中心的发展思想对推进国家治理现代化的价值和作用,这也是习近平新时代中国特色社会主义思想人民性特质的重要展现。面对国内外复杂环境,统筹中华民族伟大复兴战略全局和世界百年未有之大变局,尤其要坚定以人民为中心的根本立场,充分组织动员广大人民群众,调动和发挥人民群众建设社会主义的积极性和主动性,为推进国家治理现代化注入新动力、增加新活力,进而汇聚起进行伟大斗争、建设伟大工程、推进伟大事业、实现伟大梦想的强大力量。

第一节 以人民为中心的理论来源

以人民为中心的发展思想具有深厚哲学底蕴和鲜活的实践品格,是对马克思主义"资本主义必然灭亡,共产主义必然胜利"唯物史观的继承,是对马克思主义坚持人民群众是历史创造者观点的发展,是对马克思主义实现人自由和全面发展目标理想的中国化成果。"发展为了人民"体现了社会主义制度的本质和根本要求,是与资本主义社会的一切以资本为中心完全不同且根本对立的发展理念,坚持一切发展为了人民,是国家治理人民立场的根本出发点。"发展依靠人民"是推动历史前进的人间正道,坚持一切发展依靠人民,是国家治理人民立场的力量源泉。"发展成果由人民共享"既是科学社会主义的内在要求,也是中国式现代化道路的价值遵循,坚持发展成果由人民共享,是国家治理人民立场的落脚点。

一、理解两个"必然":发展为了人民

"发展为了人民"体现了社会主义制度的本质和根本要求,是与资本

主义社会一切以资本为中心完全不同且根本对立的发展理念。无论是资本主义还是社会主义发展都需要依靠人，因此尽管不同于漫长的历史唯心主义论，唯物史观首先承认人是历史发展的主体，但这并不能成为区分两个制度、两条道路、两种文明的根本。是否坚持国家治理的人民立场，归根到底是要看发展"为了谁"，"为什么人的问题，是一个根本的问题，原则的问题"①。资本主义市场经济以资本为中心，生产目的是尽可能多地榨取剩余价值，生产结果是剥削和占有人民；社会主义市场经济以人民为中心，生产目的是"共同富裕"，生产结果是使人民公有共享。

以资本为中心的资本主义发展道路必然走向灭亡。首先，资本主义生产目的背离人民。资本主义生产的全部动机在于获取剩余价值，剩余价值是劳动者创造的超过自身及家庭需要的那部分价值，资本家通过无偿占有雇佣工人创造的超过劳动力价值的价值实现财富的积累，因此，尽管全部劳动产品本该属于工人，但工人实际上"得到的是产品中最小的、没有就不行的部分，也就是说，只得到他不是作为人而是作为工人生存所必要的那一部分以及不是为繁衍人类而是为繁衍工人这个奴隶阶级所必要的那一部分"②。资本主义生产的目的从一开始就背离了满足劳动人民对财富使用价值的需求，资本家对工人劳动及其产品的私有权、支配权、对剩余价值的占有，是资本积累的本质。其次，资本主义生产的结果背离人民。资本在根本上表现为一种占有关系，只有在这种占有关系下，黑人才成为奴隶，纺纱机才成为资本。在资本与雇佣劳动的关系范围内，资本的利益与雇佣劳动的利益是截然对立的，工人的工资越少，资本的利益就越大，而随着资本的增加，资本支配劳动的权力也就越大，劳动对资本的依赖程度也随着增大，因此，资本主义越发达，无产阶级的数量就越

① 《毛泽东选集》第三卷，人民出版社 1991 年版，第 857 页。
② 《马克思恩格斯全集》第 42 卷，人民出版社 1979 年版，第 54 页。

庞大，人民与资本家的对立就越明显，"在一极是财富的积累，同时在另一极，即在把自己的产品作为资本来生产的阶级方面，是贫困、劳动折磨、受奴役、无知、粗野和道德堕落的积累"①。最后，资本主义必然灭亡。资本主义必然灭亡表象原因是经济危机，实质原因是资本主义生产关系的必然结果，在剥削和占有为主导的社会关系下，资本一方面带来整个社会生产的巨大发展，另一方面也带来经济结构失衡与被剥削阶级的壮大和反抗，为进入更高级的社会提供了物质条件和主体条件。

以人民为中心的社会主义发展道路必然走向胜利。首先，社会主义生产的目的是为了人民。资本逻辑目的是最大限度地追求剩余价值，社会主义制度下生产目的是"共同富裕"，正如马克思、恩格斯在《共产党宣言》中直接指明社会主义社会生产的目的是满足劳动人民的物质和文化的需要。其次，社会主义生产的结果是为了人民。社会主义生产的结果和社会主义生产的目的具有一致性，即实现人民现实的幸福和人民的解放，因此，社会主义的根本任务是解放生产力、发展生产力、消灭剥削、消除两极分化。最后，社会主义必然胜利，站在社会形态更替的高度审视，任何一种社会形态的产生和灭亡都取决于生产力与生产关系，资本主义是人类社会发展到一定阶段的产物，尽管具有历史进步性与必然性，但是非正义的、是历史性的生产方式，生产社会化是和生产资料私人占有之间的矛盾不可克服，社会主义取代资本主义是一个历史的过程。

坚持一切发展为了人民，是国家治理人民立场的根本出发点。"发展为了人民"的理论源泉是马克思主义唯物史观，深刻理解"资本主义必然灭亡，共产主义必然胜利"，就能理解马克思主义的历史使命是实现无产阶级的自由、发展和解放，因此，人民的利益和人民的意志是马克思主

① 《马克思恩格斯全集》第 44 卷，人民出版社 2001 年版，第 743—744 页。

义无产阶级政党的最高指导原则。在此基础上走中国特色社会主义道路必须坚持发展人民当家作主的社会主义民主政治制度、发展为了人民的社会主义基本经济制度、繁荣发展鼓励人民团结的社会主义先进文化、打造人民共建共治共享的社会治理格局、构建人与自然和谐共生的生态文明、奉行最符合广大人民利益的内政外交政策、加强党的领导和推动以人民为中心的中国治理。

二、掌握历史主动性：发展依靠人民

"发展依靠人民"是推动历史前进的人间正道，"依靠民众则一切困难能够克服，任何强敌能够战胜，离开民众则将一事无成"①。社会历史变化的逻辑起点是现实的人及其实践活动，资本主义与社会主义的发展本质上都离不开人，其不同在于：资本逻辑驾驭的人民"主体"性质是虚幻的，首先，人的劳动并非自由自觉的活动，而是资本家的强迫、剥削，人与劳动活动相异化，人与自身相异化；其次，在此基础上构成的市民社会成员对政治国家的参与，实际上是私有财产权对国家立法权的争夺，其结果是少数人对公共事务具有决策权，决策合理性与少数人利益相关，与人民群众权益无关。以人民为中心逻辑下人的人民"主体"性质是切实的，首先，尊重群众的首创精神，肯定人民群众自由自觉的主动性，中国共产党领导的社会主义民主政治实践就是率先在经济关系上创造"人民当家作主"的社会基础，彻底改造旧社会的经济关系，消除旧社会利益对立与异化；其次，在此基础上形成中国特色社会主义民主政治，确立人民在一切公共事务中的主体地位，进而一切发展为了人民，一切发展成果由人民

---

① 《毛泽东军事文集》第二卷，军事科学出版社、中央文献出版社1993年版，第381页。

共享。

人民具有历史主动性，是推动人类社会进步和人类文明的真正主体。人本身也是历史的、发展的，现实的社会生活中人们不能自由选择自己的生产力，同样地，也不能自由选择自己进行生产的社会形式，因为任何生产力都是一种既得力量，是以往活动的产物。人们要掌握既有的生产力，谋得自己生存发展所必需的生活资料，就只能适应生产力发展的实际状况，同他人建立起一定的生产关系，这种生产的社会形式起初本是人们自主活动的条件，而且是由这种自主活动创造出来的，但随着生产力的发展，它就由人们自主活动的条件逐渐变成了束缚人们自主活动的桎梏，为了不至于失去自己已经获得的文明成果，人们便改变自己的生产方式，进而改变自己的社会关系，使自己成为具有新力量需要、新本质规定的人。由此，人民群众是物质财富、精神财富和整个社会历史的生产者和主要承担者，人类物质生产实践活动随着人类社会发展而发展，人民群众可以充分发挥自身主动性，承担人类文明发展的责任，成为推动人类社会进步和人类文明的真正主体。

坚持一切发展依靠人民，是国家治理人民立场的力量源泉。新时代坚持以人民为中心，不是简单地坚持人民的主体地位，而是要充分发挥人民群众首创精神，紧紧依靠人民推动改革，掌握历史主动性，这既是中国共产党长期的革命、建设和改革过程中所获得的宝贵经验，也是新的历史条件下推进全面深化改革的唯一现实路径。尊重人民的首创精神，首先，要承认人民群众实践主体力量，个人的积极作用只有同人民群众的活动相结合才能形成巨大的能动力量，回顾百年，我们党正是因为始终坚持尊重人民首创精神，紧密团结广大人民群众和紧紧依靠人民群众，才取得了新民主主义革命胜利和社会主义建设的成就，才能够在艰巨复杂的改革开放进程中冲破思想的禁锢和旧体制的桎梏。其次，新的历史条件下密切联系群众、切实尊重和发挥群众首创精神,一方面,需要贯彻尊重劳动、尊重知识、尊重人才、尊重创造的方针;另一方面,要统筹多元社会格局,发挥不同利益群体的改革创新能力,充分发挥我国工人、农民、知识分子和其他劳动群众推动我国生产力发展的重要作用,大力支持新的社会阶层和群体积极参加中国特色社会主义建设和改革创新;同时,要营造鼓励改革和发挥人民首创精神的良好环境,大力加强人力资本投入,提高群众的科学文化素质,让人人得到公平而充分的发展,培养和增强其实践能力和参与改革的能力。最后,面对纷繁复杂的改革发展任务,要放手支持群众大胆实践、大胆探索、大胆创新,及时发现、总结和推广群众创造的成功经验,把人民群众的积极性和创业精神引导好、保护好。

三、立足人类解放:发展成果由人民共享

"发展成果由人民共享"既是科学社会主义的内在要求,也是中国式现代化道路的价值遵循。首先,社会主义文明与资本主义文明最大的不同就在于其历史使命是实现人的自由、发展与解放,马克思在说明人的"自由个性"时指出追求的是"建立在个人全面发展和他们共同的、社会的生产能力成为从属于他们的社会财富这一基础上的自由个性"①,显然,完成这一历史使命需要"发展成果由人民共享"。其次,"共享"包含三层递进意思:一是普遍的发展结果共享;二是人民是发展结果的评价者;三是人民评价好则得民心,人民评价不好则失民心,"共享"涉及人心向背问题。因此,新时代"发展成果由人民共享"既要以马克思主义历史使命为最高目标,又要结合具体国情实现新时代的阶段性目标,同时还要

---

① 《马克思恩格斯文集》第8卷,人民出版社2009年版,第52页。

把"人民拥护不拥护、赞成不赞成、高兴不高兴、答应不答应作为衡量一切工作得失的根本标准"①，把争取"人心"、争取"绝大多数"支持和拥护的群众路线的"传家宝"坚持好。

马克思主义的历史使命是实现无产阶级的自由、发展和解放。以无产阶级为代表的人民群众的自由、发展与解放有三个层次：首先，人要做自然的主人，实现人与自然的和谐发展。做自然的主人，将人的主观意志加之于自然，但不是征服与掠夺而是双赢共存，在实践过程中形成人与自然的良性互动。其次，人要做社会的主人，实现人与人的和谐发展。人具有主体性、能动性，但受到客观历史条件的制约，人之所以为人在于人可以自由地选择，而不必受永恒宿命的制约，但这样的选择在主体生活的社会中不免受到具体关系的制约而不能随心所欲。绝对的自由并不能彰显人的珍贵性，在制约中竭力追求人的本质的生存状态才是真正的人、社会的人。最后，人要做自己的主人，实现人与自身的和谐发展。人要摆脱思想对自己的压迫就要正确认识思想，认识人的本质。认识并不是单一的线性增长，而是曲折的、往复的，人正是在对无限性的追求中显示出生命的力量。

马克思主义政党以实现最广大人民的根本利益为宗旨。劳动阶级的利益和社会发展方向和历史进步是一致的，按照恩格斯的设想，人类历史的发展如同一辆行进中的卡车，这辆卡车不是按照个人的意志前行，而是靠无数人的意志的合力前行，这辆卡车的方向是由人口最多、力量最大的人民群众决定的，所以人民群众的利益和社会发展方向、发展规律是一致的。正是在这个意义上，恩格斯指出"科学越是毫无顾忌和大公无私，它就越符合工人的利益和愿望"②。换言之，马克思主义为广大人民群众服务的阶级性，不但不会妨碍其认识的科学性，反而会成为其正确认识和把

---

① 《习近平谈治国理政》第三卷，外文出版社2020年版，第142页。
② 《马克思恩格斯选集》第4卷，人民出版社2012年版，第265页。

握世界规律的内驱力。我们党始终把有效地实现人民需求和人民生活的满足作为目标,因此,中国共产党领导国家治理的过程中,基于社会主要矛盾的变迁,不断充实和完善社会主义现代化建设的内容体系,并根据不同历史时期的特点,作出各有特色的"分步走"战略安排。

"发展成果由人民共享"也意味着把人民作为"最高决策者"和"最终评判者"。马克思在《莱茵报》时期对物质利益的自觉思考体现了这一时期马克思已经立足物质利益和人民群众来思考和认识社会问题,马克思无情嘲讽诸侯、骑士等阶级的私人利益,批判特权阶层私人利益的僭越性,指出资产阶级国家就是一种"虚幻的共同体",平民为了维护自己的权利就必须要斗争,因此马克思将历史主体定位在"那些深知自己具有勤劳、节俭的精神,深知自己正在同自然界和社会关系进行着艰苦斗争的私人"身上①,显然,利益的异化与斗争是制度不合理的恶果,同时利益的平衡与获取就成为促发被压迫者变革生产关系、寻求自身解放的动力。正如习近平总书记指出:"我们党的执政水平和执政成效都不是由自己说了算,必须而且只能由人民来评判。人民是我们党的工作的最高裁决者和最终评判者。"②党所制定的路线方针及其在实践中的成效如何,"最终都要看人民是否真正得到了实惠,人民生活是否真正得到了改善,人民权益是否真正得到了保障"。③

坚持发展成果由人民共享,是国家治理人民立场的最终落脚点。新时代坚持"发展成果由人民共享"就是要让改革发展成果更多更公平惠及全体人民,朝着实现全体人民共同富裕不断迈进。党的十八大以来,以习近平同志为核心的党中央把逐步实现全体人民共同富裕摆在更加重要

---

① 《马克思恩格斯全集》第1卷,人民出版社1995年版,第372页。
② 《习近平谈治国理政》第一卷,外文出版社2018年版,第28页。
③ 《习近平谈治国理政》第一卷,外文出版社2018年版,第28页。

的位置上，采取有力措施保障和改善民生，打赢脱贫攻坚战，全面建成小康社会，为促进共同富裕创造了良好条件。但"发展成果由人民共享"不单单是经济层面的。"发展成果由人民共享"，就覆盖面而言，是全民共享；就内容而言，涉及经济、政治、文化、社会、生态等各方面的发展成果；就实现途径而言，是共建共享，人人参与；就推进进程而言，是渐进共享，从低级到高级，从不均衡到均衡；就评价标准而言，是从部分到全面、从个别到普遍。实现"发展成果由人民共享"，仍要把发展作为第一要务，从物质发展层面，要坚持以经济建设为中心，实现全面协调可持续发展，牢牢把握社会主义本质，坚持以公有制为主体，多种所有制经济共同发展的基本经济制度和按劳分配为主体、多种分配方式并存的分配制度。从精神文化发展层面，要加快文化体制改革，发展文化事业和文化产业，推动社会主义文化大发展大繁荣，才能使人民群众的精神文明需求得到满足、文化素质得以提高，从而使人民群众以饱满的热情、良好的精神状态投身社会主义和谐社会建设。从社会需要满足层面，必须要依靠国家的全面治理，依靠国家治理体系和治理能力现代化，调动各方面积极性，集中力量办大事，既不失去社会主义制度的优越性，也能在不断改革、不断革除体制机制弊端的社会管理体系中让我们的制度更成熟而持久。

第二节　以人民为中心的百年实践

中国之治始终把人民利益放在至高无上的位置，回望百年辉煌党史，以人民为中心发展思想的历史演进先后经历了新民主主义革命时期、社会主义革命和建设时期、改革开放时期、中国特色社会主义新时代四个阶段，中国共产党将坚守人民立场深入地融入政治建设、经济建设、文化建设、民生建设和党的建设等各个方面,新的历史时期继续坚持以人民为中心,将为实现中华民族伟大复兴的中国梦提供价值指引。

一、新民主主义革命时期:全心全意为人民服务

鸦片战争之后,中华民族和中国人民面临着空前的民族危机和遭遇着前所未有的苦难,中国各阶层和政治力量前仆后继进行救国救民的英勇斗争,但最终均以失败收场。十月革命一声枪响为中国送来了马克思主义,中国共产党以马克思列宁主义为指导,将人民立场作为自己的根本立场,坚持为谋求广大人民的根本利益而奋斗,面对压在人民头上的"三座大山",以毛泽东同志为代表的中国共产党人践行党的群众路线,把全心全意为人民服务作为党的根本宗旨,不仅取得了新民主主义革命的伟大胜利,也确立和巩固了中国共产党人的人民立场。

坚持把人民是历史创造者的唯物主义观点贯彻到底。毛泽东同志在五四时期就认识到了民众大联合的重要性,他在《〈湘西评论〉创刊宣言》中明确提出:"什么力量最强?民众联合的力量最强。"[1]人民群众是革命战争的根本力量,是取得反对帝国主义、封建主义革命战争胜利的根本依靠,"革命战争是群众的战争,只有动员群众才能进行战争,只有依靠群众才能进行战争"[2]。1945年10月,毛泽东同志在延安干部会议的讲话中以土地和种子比喻党与人民之间的关系,"我们共产党人好比种子,人民好比土地,我们到了一个地方,就要同那里的人民结合起来,在人民中

---

① 中共中央文献研究室编:《毛泽东年谱(一八九三——一九四九)修订本》上卷,中央文献出版社2013年版,第41页。

② 《毛泽东选集》第一卷,人民出版社1991年版,第136页。

间生根、开花。"①正是在坚持马克思主义群众观的指导下，以毛泽东同志为代表的中国共产党，把握党与人民群众血肉联系的内在要求，自觉运用马克思主义群众观武装头脑、指导革命实践，开创了新民主主义革命的光明前景。

确立群众路线作为党的根本工作路线。1922年，党的二大指出党的一切运动都必须深入到广大群众里面去，都必须离不开群众，在思想层面初步确立了群众路线内容。在之后声势浩大的土地改革运动中，从土地革命战争时期的《井冈山土地法》到解放战争时期的《中国土地法大纲》，一方面是使广大人民群众在真正意义上拥有了自己的土地，另一方面也使中国共产党在政治上摆脱了被边缘化的危险，在实践层面获得了广大人民群众的绝对信任和衷心拥护。1943年，毛泽东同志为中共中央起草的《关于领导方法的若干问题》中继续指出："在我党的一切实际工作中，凡属正确的领导，必须是从群众中来，到群众中去"②，进一步丰富和拓展了群众路线的内涵。党的群众路线是党的根本政治路线和组织路线，是否相信群众、团结群众、依靠群众、为了群众是中国共产党取得革命胜利的关键因素。

确立全心全意为人民服务为党的根本宗旨。中国共产党摆脱了以往一切政党团体追求自身利益的局限性，将人民群众视为维护和发展自身根本利益的根本，毛泽东同志强调："我们党要使人民胜利，就要当工具，自觉地当工具"③；在党的七大中，毛泽东同志进一步强调"全心全意地为人民服务，一刻也不脱离群众；一切从人民的利益出发，而不是从个人或小集团的利益出发；向人民负责和向党的领导机关负责的一致性；这些就

---

① 《毛泽东选集》第四卷，人民出版社1991年版，第1162页。
② 《毛泽东选集》第三卷，人民出版社2009年版，第899页。
③ 《毛泽东文集》第三卷，人民出版社1996年版，第373—374页。

是我们的出发点"①,从政治高度把全心全意为人民服务确立为党的宗旨,彰显了中国共产党人民观工具理性和道德理性辩证统一的理论旨趣。

二、社会主义建设时期:人民当家作主

中华人民共和国成立以后,摆在中国共产党人面前的问题是如何保障人民当家作主,这是关系人民命运的根本问题。这一时期以人民为中心的发展思想集中体现在建立了新型的国体、政体、政党制度和国家结构形式等一系列的基本政治制度,在制度层面上确定了人民地位的至高无上性和绝对性,实现了从封建专制向人民民主的伟大飞跃。同时,面对如何实现国家富强和人民富裕问题,中国共产党将马克思主义基本原理与中国实际相结合,顺利进行"三大改造"、积极推进社会主义建设,取得社会主义革命突出成就。

新中国实行人民当家作主的新型政治制度。首先,"要建立一定的制度来保证群众路线和集体领导的贯彻实施"②,1949 年后,中国共产党领导全国人民建立起中华人民共和国的根本制度——全国人民代表大会制度,确立了国家一切权力属于人民这一根本政治原则,确保了人民民主与中国式民主形态的根本性质;其次,通过包括中国共产党领导的多党合作和政治协商制度、基层群众自治制度等一系列制度体系,以民主选举、民主协商、民主决策、民主管理、民主监督的方式,将人民当家作主的目标贯穿于国家和社会治理全过程,保证了人民民主有序高效运行;同时,全过程民主开创了人民参与国家和社会事务管理的新机制,促成了人民利

---

① 《毛泽东选集》第三卷,人民出版社 1991 年版,第 1094—1095 页。
② 《毛泽东文集》第七卷,人民出版社 1999 年版,第 19 页。

益与人民意志的有机实现；最后，针对革命胜利后党内存在各种程度的官僚主义和自由主义的工作作风，中国共产党在全党范围内开展"三反五反"运动，以正确处理人民内部矛盾为主题进行开门整风。正是持之以恒地保持勤俭节约和艰苦奋斗的优良传统与政治本色，才使我们党在极其困难的条件下仍旧赢得了广大人民群众的支持和拥护，使全心全意为人民服务的根本宗旨得到了强化，使社会主义制度得到了巩固。

以大规模经济建设筑牢社会主义社会的物质基础。面对国民经济极端落后、物质资源严重匮乏、人民生活水平极低的现状，恢复和发展国民经济，保障人民群众各项利益，走社会主义发展道路，成为中国共产党的责任和使命。社会主义建设初期"一化三改"使社会主义公有制成为我国社会的经济基础，并在此基础上进一步建立了比较完整的工业体系和国民经济体系，为经济快速发展、社会稳定有序、改善人民生活提供了重要保障。党的八大明确指出：当前国内主要矛盾是人民对于建立先进的工业国的要求同落后的农业国的现实之间的矛盾，是人民对于经济文化迅速发展的需要同当前经济文化不能满足人民需要的状况之间的矛盾，党的工作重心适时转移到集中力量发展生产力这一方面，中国共产党用三年时间恢复了国民经济，用三年的奋斗完成了生产资料私有制社会主义改造，这一时期调动了一切积极因素为社会主义服务，产生了正确认识和处理社会主义矛盾、走中国工业化道路等重要思想理论。生产力快速发展为社会主义中国建立起必备的经济基础，为巩固新生人民政权、改善人民生活、切实保障人民当家作主的地位提供了重要的物质保障。

三、改革开放时期：以人为本的发展观

在粉碎"四人帮"后，中国共产党领导人民进行拨乱反正，创造性开

启了改革开放的理论探索,保证了坚持以人民为中心的理论与实践航向。经过三代领导人的坚强奋斗,中国经济保持高速增长,社会保持长期稳定,人民生活得到改善,实现了从温饱不足到总体小康奔向全面小康的历史性跨越,形成并发展了以人民为中心的中国特色社会主义理论体系。

"三个有利于"判断标准打破了我国社会主义建设中教条主义的束缚,确定维护人民群众根本利益是党以人民为中心的神圣使命。以邓小平同志为核心的党的第二代中央领导集体,以巨大的政治勇气和责任担当对各方面社会关系进行了系统全面的恢复和调整。邓小平同志指出贫穷不是社会主义,发展太慢也不是社会主义,发展生产力、提高人民物质生活水平是社会主义社会的首要任务。因此,党的十一届三中全会一方面果断全面停止以阶级斗争为纲的错误指导,另一方面确立了社会主义现代化发展需要的科学指导方针,将党和国家的工作重心放到经济建设上去,设立经济特区,制定实行改革开放的决策。事实证明,只有把人民生活质量提高上去,才能推进社会主义现代化建设。在南方谈话中邓小平同志更是创造性地总结出"三个有利于"标准,强调判断我们全部工作的标准,主要看是否有利于发展社会主义社会的生产力、增强社会主义国家的综合国力、提高人民的生活水平。"三个有利于"是中国共产党重视人民利益的现实性和实效性的集中彰显,使中国共产党全心全意为人民服务的宗旨更具有现实主义的特征,赋予了人民主体地位以崭新形态和具体内涵。

"三个代表"思想紧紧围绕着人民的发展需要,为我国的发展指明方向。世纪之交,面对复杂的国内外局势,以江泽民同志为核心的党的第三代中央领导集体迎难而上,将始终如一地为人民谋利益作为共产党人工作的价值归宿,将保持和发展党的先进性建设作为永恒主题。20世纪末21世纪初,江泽民同志以"三个代表"重要思想为中国共产党执政提供了明确的目标指引,中国共产党要始终代表先进生产力发展要求、要始终代表中国先进文化前进方向、要始终代表最广大人民利益。党的路线、理论、纲领、方针政策和各项工作必须符合生产力发展的规律，是为了保障人民获得切实的物质利益；发展面向现代化、面向世界、面向未来的、民族的、科学的、大众的社会主义文化，是为了保障人民获得切实的精神动力和文化理念；加强社会主义法制依法治国，是为了人民获得切实的政治利益。人民群众是力量源泉和胜利之本，保障工人阶级和广大劳动群众的经济政治文化权益，是党和国家一切工作的基本点，也是发挥工人阶级和广大劳动群众积极性和创造性的根本途径。

"以人为本"观点深刻认识到了人民群众在社会中的主体地位和巨大力量。进入 21 世纪新阶段，我国进入发展关键期、改革攻坚期和矛盾凸显期，以胡锦涛同志为总书记的党中央站在时代和历史新高度创造性提出"以人为本，全面协调可持续"的科学发展观。尽管我国坚持以经济建设为中心，综合国力达到新水平，经济发展速度创造了世界奇迹，一定程度上达到了小康社会的水平，但是发展中也确实存在一些问题，比如陷入 GDP 盲目崇拜、城乡区域差距显著、发展贫富差距明显等问题，面对国内外局势如何提升创新能力、生产力总体水平，如何改善生产力发展结构性矛盾，以及如何改变能源严重浪费粗放式经济增长方式，我们开始走以人为本，全面协调可持续道路。科学发展观是一种符合国家和人民需要的新的发展模式，强调第一要义是发展，核心是以人为本，基本要求是全面协调可持续发展，根本方法是统筹兼顾，考虑和解决问题的根本出发点和落脚点是人民。

四、中国特色社会主义新时代：人民至上

习近平总书记在庆祝中国共产党成立 100 周年大会上的讲话中指

出："中国共产党根基在人民、血脉在人民、力量在人民。"①新时代走中国特色社会主义道路决定全党必须永远保持同人民群众的血肉联系,践行以人民为中心的发展思想,不断实现好、维护好、发展好最广大人民根本利益,团结带领全国各族人民为美好生活奋斗。

把人民对美好生活的向往作为奋斗目标,自觉把人民的利益摆在至高无上的地位。中国特色社会主义进入新时代,我国社会主要矛盾已经转化为人民日益增长的美好生活需要和不平衡不充分的发展之间的矛盾,其中,"物质文化需要"和"美好生活需要"是两个关键的概念。"物质文化需要"是多次在中国共产党党代会政治报告中关于中国社会主要矛盾表述的重要概念,代表的是特定政治历史语境下以"满足有限、低端民生需要为重要任务"的旧时代;"美好生活需要"是党的十九大关于社会主要矛盾转变表述的新概念,代表了"在不断发展的物质文化需要基础上,满足人民日益增长的美好生活期待"的新时代。从"物质文化需要"到"美好生活需要"的转变意味着新时代中国民生发展要化解新矛盾、满足新期待、实现新发展,党领导人民一方面坚持全面协调可持续发展战略,在更全面发展基础上满足人民升级的物质文化需求;另一方面,美好的生活离不开精神文明的熏陶,更离不开美好精神文化的引领。

以党的自身建设为切入点,不断推进国家治理体系和治理能力现代化。党的十八大以来,以习近平同志为核心的党中央加强全面从严管治党,加强思想建设,筑牢以人民为中心的理想信念;加强纪律建设,夯实以人民为中心的制度基础;加强能力建设,提升以人民为中心的领导水平。在全面提升党员领导干部执政水平和治理水平,培养真正令人满意的公务员队伍基础上,不断升级国家治理体系和治理能力的现代化,根据

---

① 习近平:《在庆祝中国共产党成立100周年大会上的讲话》,人民出版社2021年版,第11页。

国家发展实际基础,统筹推进"五位一体"总体布局,协调推进"四个全面"战略布局,力求满足新时代人民的新需要。

坚持人民至上,把人民生命安全和身体健康放在第一位。对人民健康的关注是生产力发展的必然要求,也是全球可持续发展的必然要求,它最终落脚到各国政府与个人对此项事业的推进。习近平总书记在2016年全国卫生与健康大会上提出:没有全民健康就没有全面小康。中国共产党对于人民生命安全和身体健康的重视,集中体现在2020年突如其来的新冠肺炎疫情上,习近平总书记明确要求把人民生命安全和身体健康放在第一位,坚持人民至上、生命至上,保护人民生命安全和身体健康,可以不惜一切代价。

第三节　以人民为中心的时代价值

以人民为中心的发展思想开辟了马克思主义发展思想的新视野,创造性地发展马克思主义人学理论,强调人民至上、人民共享、人民奋斗;创造性地发展马克思主义经济基础与上层建筑关系理论,强调全面实现人民美好生活向往;创造性地发展马克思主义国家治理理论,强调人的全面发展与解放需要全面实现国家治理体系和治理能力现代化。以人民为中心的发展思想为发展中国家走向现代化提供了新经验,超越了西方以资本为中心的发展思想,将人的问题提高到全新的时代高度,为解决政党政治历史上的难题提供了崭新的思路。以人民为中心的发展思想是新时代创造人类文明新形态的牢固根基,中国特色社会主义在解决生产力和生产关系层面上破解了时代难题,为世界社会主义发展带来了新时代新气象,在开辟文明崛起方式上破解了文明发展的时代难题,为文明发展模式带来了新时代新气象。

一、以人民为中心的发展思想开辟了马克思主义发展思想的新视野

（一）创造性发展马克思主义人学理论，强调人民至上、人民共享、人民奋斗

坚持人民至上，回答了"为了谁"的问题，既表明中国共产党始终把人民放在最高位置的政治属性，也反映在关键时刻政党的行动选择上。马克思、恩格斯认为"现实的人"是第一个客观的历史范畴，既不是脱离了人类社会实践活动的"自然的人"，也不是脱离了现实生活的"抽象的人"。百年来，中国共产党干革命、搞建设、抓改革，从来都是为了让人民过上美好幸福的生活。中国特色社会主义进入新时代，以习近平同志为核心的党中央立足基本国情，准确判断时代特征，提出"我国社会主要矛盾已经转化为人民日益增长的美好生活需要和不平衡不充分的发展之间的矛盾。"相应地，党的全部工作发生变化，不断制定、调整经济建设任务、文化教育科学技术发展、健康中国及各项社会事业事务，但不变的是始终聚焦于现实的人民群众的具体需要的变化，真正做到愁民所愁、急民所急，切实地从维护现实的人民群众利益出发，人民至上话语叙事不是空洞的思维观念，而是实实在在地体现在中国制度设计、改革实践的伟大蓝图中，是真实有效地体现在人民生活中。

坚持人民共享，朝着实现全体人民共同富裕不断迈进。劳动的过程就是创造物质和精神财富的过程，也是实现自己本质力量和思想情感的过程，人在劳动中创造了物质和精神财富，实现了对社会和个人的双重满足。"消除贫困、改善民生、逐步实现共同富裕，是社会主义的本质要求，

是我们党的重要使命"①。经过长期努力，中国人民迎来了从温饱不足到全面小康的伟大飞跃，人民生活质量和社会共享水平大幅度提升，这是举世瞩目的成就。但共同富裕不单单指物质富裕，更强调人民的自由平等、精神生活的富足以及有尊严、有美丽环境的高品质生活、人们的各种潜能得到充分发挥。共享理念实质就是坚持以人民为中心的发展思想，"国家建设是全体人民共同的事业，国家发展过程也是全体人民共享成果的过程"②。中国特色社会主义道路是否成功，最终判断标准是人民是否共同享受了改革开放发展成果，衡量是非得失的根本标准是人民是否拥护、是否赞成、是否高兴、是否答应，人民群众是社会主义社会发展成果共享的现实评价者。

坚持人民奋斗，依靠人民创造历史伟业。人民奋斗是现实的人的实践路径，从现实的人向自由的人过渡不是一个自然的过程，而是一个社会实践的过程，这一过程恰恰是人的本质不断实现的过程。人民创造历史、劳动开创未来，新时代中国特色社会主义关于人民奋斗的主张对社会主义价值实践具有重要意义，极大地激发了人民群众对美好生活的向往，调动了人民的主动性、积极性、创造性。新时期要把坚持走群众路线的优良作风继续发扬光大，要坚持问政于民，及时了解民生需求，打造服务型政府，建构现代政治文明。哲学家们只是用不同的方式解释世界，而问题在于改变世界，是无数现实的人的实践活动搭建起社会发展雄厚底蕴，决定了历史前进的方向，只有相信人民、依靠人民、与人民同心同德、砥砺奋进，才能交出令人民满意的时代答卷。

---

① 《习近平谈治国理政》第二卷，外文出版社 2017 年版，第 83 页。

② 习近平：《在庆祝"五一"国际劳动节暨表彰全国劳动模范和先进工作者大会上的讲话》，人民出版社 2015 年版，第 7 页。

（二）创造性地发展马克思主义经济基础与上层建筑关系理论，强调全面实现人民美好生活向往

马克思主义发展史关于"经济基础与上层建筑"的辩题阐明了：经济发展是社会变迁的最终原因，也是精神文化繁荣的根本前提，但是，生产力的全面发展不是社会变革的唯一因素。社会主义运动在经济条件落后的俄国获得成功，却在发达的欧洲国家遭受失败，"卡夫丁峡谷"的跨越证明了第二国际关于"经济决定论"片面认知的不足。随着资本主义国家的自我改良、生产社会向消费社会的转型以及阶级向原子式大众的转变，传统的以暴力与殖民主义为基础的扩张模式、以经济和社会活动为基础的社会革命模式难以为继，只有将文化或意识因素纳入社会历史解释体系中才能在新的历史条件下实现社会发展的创造性转变与发展。事实上，西方马克思主义研究从卢卡奇到伊格尔顿跨越百年的"文化转向"，中国特色社会主义发展从"改革开放"到"文化自信"的历史进程都说明了上层建筑在人类社会发展中具有巨大作用。

显然，美好的社会主义和谐社会必须依靠经济基础与上层建筑的合力。经济与文化的互动互荣早在 1940 年毛泽东同志的《新民主主义论》中就有论述："一定形态的政治和经济是首先决定那一定形态的文化的；然后，那一定形态的文化又才给予影响和作用于一定形态的政治和经济。"[①]邓小平同志也强调社会主义的经济建设和文化建设不是孰先孰后的问题，而是同时进行的两个方面，只有经济、政治、文化协调发展，两个文明都搞好，才有中国特色社会主义，才能站在全局的高度，立足中国特色社会主义本质，为政治稳定、经济发展、文化繁荣、民族团结、人民幸福、社会安宁、国家统一提供有力保障，进而实现"美好生活"期待。从

---

① 《毛泽东选集》第二卷，人民出版社 1991 年版，第 664 页。

"物质生活需要"到"美好生活需要"的转变,是新时代党和国家对经济基础与上层建筑关系的深化,不仅反映了社会实践发展的深层逻辑,而且也带有鲜明的中国话语特色,是马克思主义中国化智慧的产物。

(三)创造性地发展马克思主义国家治理理论,强调人的全面发展与解放需要全面实现国家治理体系和治理能力现代化

虽然马克思、恩格斯从没有过全面治理社会主义国家的实践,但是他们创立的国家学说深刻阐明了共产主义运动的根本价值观即"为绝大多数人谋利益的独立运动"。只有提高国家的社会管理和服务的职能,当"把所有的公职——军事、行政、政治的职务变成**真正工人的职务**,使它们不再归一个受过训练的特殊阶层所私有"①,阶级统治才会走向消亡,旧的国家遂成为自由人的联合体,由此人类获得真正解放。实现国家治理体系和治理能力现代化,根本目的是建立以社会为本位、人民需要为导向的社会服务理念,这样才能在政府、市场、社会、人民的关系布局中解决治什么、谁来治、怎么治的大问题,统揽伟大斗争、伟大工程、伟大事业、伟大梦想,最终要落到实践上来,最终是要依靠一套符合"以人民为中心"的制度体系和不断发展改进的治理能力。

我国经济进入新常态,面临增长速度进入换挡期、结构调整进入阵痛期,社会各领域面临着多重问题与挑战,推进国家治理体系和治理能力现代化,必须在坚持中国特色社会主义制度的前提下进行,在完善和发展中国特色社会主义制度的方向上进行。在《共产党宣言》中马克思认为共产主义运动将要推翻一切旧的生产关系和交往关系,并制造新的现实基础,"当阶级差别在发展进程中已经消失而全部生产集中在联合起来的

---

① 《马克思恩格斯选集》第3卷,人民出版社1995年版,第97页。

个人的手里的时候,公共权力就失去政治性质"①。我国之所以实现了从站起来到富起来到强起来的伟大飞跃,与我国特色社会主义制度和国家治理体系具有强大的生命力和巨大的优越性是分不开的。社会主义作为共产主义的第一个阶段,必然是基于公共生产和公共交往建立起来的国家制度和治理体系,正如"共同利益不是仅仅作为一种'普遍的东西'存在于观念之中,而首先是作为彼此有了分工的个人之间的相互依存关系存在于现实之中"②,只有坚持中国特色社会主义制度,才能保证党的集中统一领导,调动各方面积极性,集中力量办大事。

二、以人民为中心的发展思想为发展中国家走向现代化提供了新经验

(一)以人民为中心的发展思想超越了西方以资本为中心的发展思想

在发展立场上与西方以资本为中心的发展思想截然不同。作为 21 世纪马克思主义发展思想的继承者和发扬者,习近平总书记多次强调要坚持以人民为中心的发展思想,这是马克思主义政治经济学的根本立场。无论是当代资本主义,还是现阶段中国特色社会主义,实行的都是市场经济或商品经济,都受商品经济的基本规律支配和制约,但不同社会制度特别是不同生产资料所有制下,同样的价值规律会导致完全不同的结果。以人民为中心要求中国特色社会主义政治经济学坚持唯物辩证法和历史唯物主义方法论,要用发展变化辩证眼光看待改革和发展过程中出现的

①　《马克思恩格斯文集》第 2 卷,人民出版社 2009 年版,第 53 页。
②　《马克思恩格斯选集》第 1 卷,人民出版社 2012 年版,第 163 页。

问题,我们党始终高度重视并运用辩证唯物主义和历史唯物主义方法论研究社会主义经济建设,并创造性地提出许多具有鲜明辩证法色彩的经济理论,如社会主义公有制与市场经济有机统一理论、公有制经济与非公有制经济平等发展理论等。

在发展主体界定、主要依靠力量上与西方以资本为中心的发展理论有根本区别。马克思主义认为,人民是经济社会发展的主体,社会生产力发展的力量来自人民群众,这就要求中国特色社会主义政治经济学从我国发展实际出发进行理论创新。所谓发展实际情况,就是人民的物质精神生活水平,就是解决如何使人民长期幸福生活问题。因此,我们党在发展理念所有制、分配体制、社会治理、民生保障等重大问题上提出了许多重要论断,比如关于农民承包的土地具有所有权、承包权、经营权属性理论,创新、协调、绿色、开放、共享发展的新发展理念等。但西方发展理论把经济增长作为研究的主要目的,把生产领域作为研究对象,主张经济自由与资本扩张,经济危机总是不断上演,尽管第二次世界大战之后西方经济学涌现出众多新的发展理论和发展范式,但是这些看似客观公允的理论框架,不过是单纯追求物质财富积累和维护资产阶级统治的工具。

在促进发展的最终目的上与西方以资本为中心的发展理论截然相反。以人民为中心的发展思想是以人的发展和人类解放为最终价值归宿的发展理论,因此,我们党的执政水平和执政成效从来不是由自己说了算,而是由人民来评判。"一切国家机关工作人员,无论身居多高的职位,都必须牢记我们的共和国是中华人民共和国,始终要把人民放在心中最高的位置,始终全心全意为人民服务,始终为人民利益和幸福而努力工作。"①西方发展理论普遍将社会发展的动力归结为人的欲望,资本实质

---

① 《习近平谈治国理政》第三卷,外文出版社 2020 年版,第 139 页。

上是剥削关系,资本主义生产力的高速增长是以牺牲人的发展为代价的,因此,在所有资本主义国家中,执政者及公职人员行使权力对与否的判断标准就是法律及其规定的权力运行程序。也就是说,法律、程序是他们行使权力的最高准则,这也导致了尽管西方打着民主法制的旗号,却政治乱象丛生,政坛利益实际上由少数大财阀决议。

（二）以人民为中心的发展思想将人的问题提高到全新的时代高度

社会主义的根本是关于人的问题。在过去社会主义发展中将之归结为阶级问题,归结为阶级矛盾、阶级冲突、阶级斗争。随着资本主义经济发展的稳定与持续,传统工人阶级的生活方式发生了巨大改变,阶级消亡论甚嚣尘上,西方马克思主义知识分子提出了各种划分阶层的新标准,阶级似乎消失了。但关于主体更灵活的话语体系的建构本质是对"阶级"概念的淡化与抹杀,是对剥削的、残酷的经济历史的代替,当人们只关注自己可以获得认同的文化标记,而忽略了自己每天首先是作为出卖于资本的被剥削者时,资产阶级对剩余价值的历史性的具体占有就变得自然化、日常化,对阶级差异的掩盖最终使剥削免受批判。

发达国家并未解决这一问题。美国民主党和共和党之间的矛盾冲突,在某种意义上也是社会阶层现象,中国特色社会主义将人的问题提高到了一个全新的高度。中国"以人民为中心"的"人"是指"所有人",是一切消除了原有国家内部的、社会的、人群的、极度的分化的所有人。我们对于人的高度重视,尤其在新冠肺炎疫情当中更凸显出来,生命至上、人民至上是抗击疫情中的最高原则。从前我们强调中国共产党人的初心使命,为中国人民谋幸福,为中华民族谋复兴,现在我们不仅致力于所有人,而且是"所有人的所有方面",底线是生命安全,中端是身体健康,高端是幸福生活。

（三）以人民为中心为解决政党政治历史上的难题提供了崭新的思路

历史和实践证明，中国共产党的领导是中国特色社会主义最本质的特征。人类迄今为止的政治实践表明，政党的发展直接影响政党政治的发展，执政党执政能力和执政水平的高低在很大程度上也决定着国家治理能力和国家治理水平的高低。当前政党所面临的根本难题一个是如何真正做到权为民用、防止权力异化、保持权力真正本来的色彩，西方政党多党制核心就是防止公权私用、防止权力的变异或起到监督制约作用；另一个是腐败问题，西方政党在防治腐败问题上有很多不足，腐败问题没有从根本上解决。

坚持以人民中心的发展思想，就必须从维护人民利益角度管党治党。因此，党的十九大报告明确指出："只有以反腐败永远在路上的坚韧和执着，深化标本兼治，保证干部清正、政府清廉、政治清明，才能跳出历史周期率，确保党和国家长治久安。"①2016 年，中共中央印发《关于新形势下党内政治生活的若干准则》和《中国共产党党内监督条例》，使严格对党监督迈上新台阶。可以说，党的十八大以来，以习近平同志为核心的党中央高度重视党内法规制度建设，将法治思维、法治理念和法治方式引入政党政治，将规范意识、规范手段和规范制度引入党的建设，有力地保障了党的长期执政和国家长治久安。中国共产党长期执政根本上来说是要解决好权力监督，保持权力本色，权为民用，为人民办事，这是以人民为中心的本质使然，也是中国共产党对于解决世界政党政治问题的一大回应。

---

① 《习近平谈治国理政》第三卷，外文出版社 2020 年版，第 52 页。

三、以人民为中心的发展思想是新时代创造人类文明新形态的牢固根基

（一）中国特色社会主义在解决生产力和生产关系层面上破解了时代难题，为世界社会主义发展带来了新时代新气象

破解生产力与生产关系难题的关键在于以人民为中心的发展思想。首先从生产力角度讲，核心是发展，发展的动力之源为了人民、依靠人民，从建成社会主义到改革开放，我们取得了举世瞩目的成就，我国坚持全体人民共同富裕现代化，坚持以人民为中心的发展思想，自觉主动解决地区差距、城乡差距、收入分配差距，促进社会公平正义，逐步实现全体人民共同富裕，坚决防止两极分化。在处理生产力与生产关系这个矛盾上，我国既保持经济高速发展，又保持社会稳定发展，创造了世界奇迹。

在具体的发展措施上，以新发展理念为例，"创新"是解决发展动力问题，"协调"是解决发展不平衡问题，"绿色"是解决生态环境问题，"开放"目的是深度融入世界经济，参与全球话语构建，"共享"旨在构建以公平正义为核心的分配伦理，中国特色社会主义进入新时代，必然要解决新的矛盾，提出新的措施，以人民为中心，实现人民对美好生活的需要，是新发展理念在社会工程实施中的结果诉求，是社会基本矛盾理论、社会有机体理论、世界历史理论、自由人联合体理论等马克思唯物史观理论在不同领域、不同层面、不同系统、不同元素之间的平衡与发展的要求使然。

（二）中国特色社会主义在开辟文明崛起方式上破解了文明发展的时代难题，为文明发展模式带来了新时代新气象

西方文明的崛起，是一种非正义的崛起，它与欧洲殖民主义和帝国主

义相联系，从英国到北美，西班牙、葡萄牙再到拉丁美洲，殖民地社会、土著地区、奴隶制和前奴隶制地区采取了轰轰烈烈的独立运动，试图摆脱外部的统治，从非洲西北部到东南亚的殖民区，随着殖民地的征服，现代性在战争炮火中悄然而生，并且战胜了传统的内部势力。日本、中国等被迫进行现代化的国家受到殖民统治的挑战和威胁，面对这些威胁，一部分人开始从外界引入创新技术。但是直到今天，如何处理西方文明与民族文明、外来文化与本土文化，仍然困扰着全球现代主义者，亨廷顿《文明的冲突》即是对这种困扰的思考，他仍然延续了西方资本主义文明强取豪夺的文明崛起思路，得出文明之间必然产生冲突的结论，文明的崛起是否注定是非正义的，对这一问题，西方文明无法勘破，但中华文明贡献出了和平发展的智慧。

文明崛起新方式的关键在以人民为中心。崛起、替代、转化，在世界历史上一直存在，从人类文明新形态角度讲，中国特色社会主义如此巨大的崛起、如此快速的变化，超越了世界历史上任何文明的崛起。我们的新文明模式强调命运共同体、人与人的关系、人与自然的关系、民族与民族的关系、国家与国家的关系，其核心是坚持以人民为中心，此处的人民不仅仅是中国人民，也是全球人民，中国的发展与西方不一样，中国走到哪里就带来了哪里的稳定，带来了发展，带来了共同的进步与天下的大同。

人类社会在社会基本矛盾的推动下逐渐发展，这是不以人们意志为转移的客观规律，但这个规律的表现形式是多样的，人类社会的发展是多角度的，不是单线的，也并不是只有一种选择，人类历史过程、发展道路具有多样性，世界各国人民有权力根据本国国情选择自己发展道路，道路决定命运，一个国家、一个民族最后找到适合自己的道路，才能发展自己的目标。21 世纪中国特色社会主义道路的新样本总体来看：这是一条在中国共产党坚强领导下所找到的符合中国国情的、把人民利益放在最高位置,坚持改革创新、实现和平发展、顺应时代潮流和历史选择的正确道路,这样一条道路内涵深刻,包括建设社会主义市场经济、民主政治、先进文化、和谐社会、生态文明,促进人的全面发展,促进社会公平正义,逐步实现全体人民共同富裕。进一步地,沿着这条道路,新时代中国创造的两大奇迹:经济快速发展和社会长期稳定,创造了中国式现代化新道路,创造了人类文明新形态。

第二章　坚持人民在国家治理中的主体地位

马克思主义认为,人民是历史的主体,是历史的创造者,是推动人类历史发展的真正进步力量,是检验社会变革是否符合历史发展趋势的根本标尺。资本主义社会建立在对人民的剥削和压迫的基础上,最终只能走向历史的终结。社会主义立足公有制,坚持无产阶级领导,发展无产阶级文化,真正坚持和保障了人民在国家治理中的主体地位。在马克思主义的指导下,植根于人民、造福于人民,是中国共产党百年奋斗历程的生动写照,是党在中国革命、建设、改革各个历史时期的实践遵循,是党始终得到人民群众拥护和信赖的根本原因,更是我们党继往开来、勇往直前的不竭动力。在中国特色社会主义进入新时代的背景下,坚持国家治理为了人民、依靠人民,能够实现对马克思主义经典理论的守正创新,彰显社会主义制度的历史和时代优越性,筑牢中华民族不畏风险挑战的精神之基与克服艰难险阻的力量之源,为奋力实现第二个百年奋斗目标和中华民族伟大复兴的中国梦奠定坚实基础。

第一节　坚持人民在国家治理中主体地位的理论依据

国家治理思想,是马克思、恩格斯思想的重要组成部分,它以唯物史观为哲学前提,以为广大劳动人民谋福祉为价值导向,是新时代背景下中国共产党推进国家治理,实现国家治理体系和治理能力现代化,坚持人民在国家治理中主体地位的理论依据。

一、国家治理的理论本质

在东西方的思想文化传统中,都闪耀着人民主体的思想萌芽。例如,《孟子·尽心下》中有这样一段影响深远的论述:"民为贵,社稷次之,君为轻。"《尚书·五子之歌》中也有类似的说法:"皇祖有训;民可近,不可下。民惟邦本,本固邦宁。"很明显,这种观点体现了中国古人朴素的民本思想。在西方,特别是启蒙运动之后,人民主体思想也在生根发芽,其中最典型的表现,就是西方民主政治的确立。在资本主义社会,国家以法律的形式承认并确立了人与人之间的平等关系,在权力制衡的基础上,试图确保人民有权参与到社会政治生活中去,成为这个国家真正的主人。不过,中国古代究其根本仍旧是封建社会,严苛的等级制及其表现出的人身依附关系,根本无法真正实现和保障人民主体地位。西方资本主义社会看似实现了民主,但是实际上又以剥削和压迫为社会的经济基础,人民的主体地位同样得不到保障。马克思主义诞生于资本主义社会,但超越了资本主义社会的阶级局限,代表着广大劳动人民的利益,为人民主体地位的真正实现找到了现实道路。

在马克思、恩格斯看来,统治阶级实现国家治理的根本目的是维护阶级统治,而具体的手段则是在社会上构建较为完整系统的经济、政治、社会和文化体系。在《不列颠在印度统治的未来结果》中,马克思指出,"工业巨头们发现,使印度变成一个生产国对他们大有好处,而为了达到这个目的,首先就要供给印度水利设备和国内交通工具。现在他们正打算用铁路网覆盖整个印度"①。毫无疑问，印度长期以来都是发达资本主义国家的殖民地，在宗主国的视角中，印度的劳动者都是从属于他们的统治阶级。所以，推动针对印度的国家治理，在本质上必然是维护这种以压迫为基础的阶级关系。但是，为了真正地达到这种目的，又必须在交通、水利、生产等多个领域，建立起相应的制度、物质和思想保障。唯有如此，统治阶级推行的国家治理才能现实化、具体化、可操作化，统治阶级奉行的国家治理理念，才能从理论走向现实，才能真正起到巩固统治阶级统治地位的核心作用。可以看出，在马克思、恩格斯的理论视野中，国家治理有着本质和现象层面的区分。包括霍布斯在内，他们更多的是从现象层面理解国家治理的目的、意义和方法，但是马克思和恩格斯则立足唯物史观，基于人类社会阶级斗争的历史，透过现象发现了本质，指出了阶级社会的国家治理以维护阶级统治为目的和手段这一重要本质。这也是马克思、恩格斯国家治理思想的深刻之处。

当然，马克思、恩格斯对国家治理问题的讨论，也没有仅仅停留在理论层面，而是从理论出发，深入分析了资本主义社会国家治理基本理念与表现方式。马克思认为，"现代的国家政权不过是管理整个资产阶级的共同事务的委员会罢了"②。这句话显然是在本质层面对资产阶级主导的国家治理基本内涵的最清晰而直接的概括。在《1844 年经济学哲学手稿》中，马克思提出了"异化劳动"这一范畴。"异化劳动"不仅是对社会底层劳动者生存境遇的直观概括与理论描述，同时也是对现代社会所有制的高度凝练。在"异化劳动"的基础上，劳动者的劳动及其产物都不归劳动者所有，而是归远离劳动却掌握着生产资料的资本家所有。如果用《资本论》中的术语概括，"异化劳动"阐释的实际上是"资本主义私有

---

① 《马克思恩格斯文集》第 2 卷，人民出版社 2009 年版，第 687 页。
② 《马克思恩格斯选集》第 1 卷，人民出版社 2012 年版，第 402 页。

制"。资本家一方面掌握着生产资料,另一方面掌握着货币,也就是工人将以工资的形式获得的生活资料。在资本主义的社会条件下,劳动者和劳动条件彻底地分离开来。资本家通过榨取劳动者剩余价值的方式,一方面剥削着劳动者的活劳动,另一方面实现着资本的增值,在造成严重贫富差距的同时,也造成严重的阶级对立。很明显,在这样的社会经济基础上,工人阶级在供养着整个社会,供养着整个资产阶级。因为,劳动者从事的劳动越辛苦,他的生活境遇就越贫困,资本家越发远离劳动,他所占有的财富就越多。可想而知,立足于这样的经济基础,资产阶级主导的国家治理的根本目的,必然只能是维护自身对无产阶级的剥削和压迫地位,必然要以牺牲无产阶级为代价,换取资产阶级的富裕和享乐,必然要把无产阶级置于日益贫穷困苦的悲惨境地。这也就是"联合起来的统治阶级已在残酷无情地大肆利用这个国家政权作为资本对劳动作战的全国性武器"①。很明显,国家治理作为一个较为中性色彩的概念,一旦进入资本主义社会的历史语境中,就成为资产阶级"残酷无情地大肆利用这个国家政权作为资本对劳动作战的全国性武器"。毫无疑问,马克思的判断是深刻且抓住本质的。

二、资本主义社会国家治理的根本矛盾

当然,马克思、恩格斯不仅在本质层面判定资本主义社会国家治理的理论内涵,还在表象层面,认知资本主义社会国家治理的实践表达。首先,在经济层面,资产阶级用"等价交换"掩盖剥削这一事实。等价交换长期以来被资产阶级经济学家视为现代社会经济生产领域的主导性原

---

① 《马克思恩格斯选集》第3卷,人民出版社2012年版,第97页。

则。也就是说，在现代社会中，任何人对社会的付出，等价于他们从社会中获得的回报。只不过，这种获得是以货币的形式予以呈现。资产阶级经济学家认为，工人遭遇贫困，是由于工人对社会的付出相对较少；资本家享受更多的财富，是由于他们对社会的贡献相对较大，付出与回报是等价的。马克思认为，等价交换的确存在于资本主义社会中，工人与资本家之间也确实在一定意义上存在等价交换的行为。那就是，工人从资本家那里获得的工资，的确等价于生产工人这种劳动力所需要的商品包含的价值量。从这个意义上说，资本家与工人之间确实存在等价交换。不过，就其本质而言，工人与资本家之间的交换又不是等价的。因为，当资本家买断工人的劳动力之后，工人在具体的劳动中实际为资本家工作的时间所创造的价值量，要超过工人得到的工资所包含的价值量。这也就是必要劳动时间和剩余劳动时间的关系。前者是等价于工资的，后者是工人无偿奉献给资本家的。所以，资产阶级推进国家治理在经济领域的重要方式，就是以等价交换的表象，掩盖不等价交换的实质；以公平正义的经济交往，掩盖剥削压迫的阶级对立。

其次，在政治层面，资产阶级推进国家治理的过程中，采取所谓的民主政治（选票政治），在法律意义上，承认人与人的平等地位。应该说，这是资产阶级革命取得的政治解放的重要表现。自封建社会以来，人与人之间存在严格的等级关系。马克思认为，在前现代社会，人的"依赖关系"是一切社会关系的本质。也就是说，任何人都不能代表自己，而必须从属于某人。即便是君主，在一定意义上说，也要从属于上帝。任何人的规定性，都不能自己通过自己的理性自由赋予，而必须由他人规定。这也就是等级制在人与人之间关系中的具体呈现。在等级制的条件下，现实的法律非但不会承认人人平等，反而会承认人与人之间的不平等，固化现实中的等级关系。无论是这种差异或者等级关系是先天赋予的，还是社会因素造成的。总之,在法律领域,人格之间平等观念是难以立足的。资产阶级革命的重要意义,就是推翻了封建社会的等级制,实现了人的政治解放,在法律的意义上,以国家的意志,承认了人格意义上的平等地位。应当说,这是资本主义社会历史进步性的重要表现之一。不过,马克思也清楚地指出,即便在这样的历史条件下,资产阶级主导的国家治理,即便奉行所谓的民主政治,归根结底,也只能是进一步掩盖经济生产领域剥削压迫的事实。事实上,法律意义上的人格平等,并不等同于在经济生产领域,资本家与工人现实阶级地位的平等。民主政治下的一人一票,看似赋予社会中一切个体平等参与国家治理的可能性。但实际上,资产阶级仍旧凭借着强大的经济、政治和文化实力,操控着国家政权,是这个社会实际的管理者、统治者、压迫者。

最后,在文化层面,资产阶级推进国家治理的过程中,对无产阶级进行意识形态欺骗,使无产阶级遭受深刻的文化与精神奴役。意识形态是资产阶级统治无产阶级的文化工具,它的本质就是通过精神欺骗,使无产阶级看不到自己正在遭受压迫和剥削的事实。在《资本论》中,马克思指出,"劳动力的买和卖是在流通领域或商品交换领域的界限以内进行的,这个领域确实是天赋人权的真正伊甸园。那里占统治地位的只是自由、平等、所有权和边沁。自由!因为商品例如劳动力的买者和卖者,只取决于自己的自由意志。……平等!因为他们彼此只是作为商品占有者发生关系,用等价物交换等价物。所有权!因为每一个人都只支配自己的东西。边沁!因为双方都只顾自己。使他们连在一起并发生关系的唯一力量,是他们的利己心,是他们的特殊利益,是他们的私人利益"①。"自由、平等、所有权、利己心"都是启蒙运动以来资产阶级高举的文化旗帜。也正是这些文化旗帜使资产阶级革命发生时,无产阶级成为资产阶级的同

---

① 《马克思恩格斯文集》第5卷,人民出版社2009年版,第204—205页。

盟,他们真的以为资产阶级想要实现一个人人自由、平等,自己可以掌握自己劳动及其产物的"伊甸园"。但是实际上,通过马克思的论述可知,资产阶级的文化口号,其实仅仅最终起到了遮蔽现实,使无产阶级认不清资本主义社会内在局限的负面作用。

三、社会主义社会国家治理的本质要求

马克思、恩格斯立足唯物史观,认为资本主义社会必然要被共产主义社会(社会主义社会)取代并超越,他们也论证了社会主义社会国家治理的根本理念和具体方式。国家的确是阶级统治的工具,无产阶级革命的目的就是要消灭阶级对立,消灭剥削和压迫。不过,在共产主义社会的初级阶段,即社会主义社会,生产力的发展水平尚不十分成熟。整个社会也还在很大程度上带有资本主义社会遗留下的一些经济、政治和文化因素。另外,特别是在现实中,无产阶级没有全球性、同时性地爆发,而是从整个世界的一些地区开始的,资本主义的力量就全球范围来看还十分强大。此时,国家作为无产阶级统治的工具,还不能消亡。当然,马克思和恩格斯也深刻地认识到了这一点,因此也形成了丰富的社会主义国家治理的思想。

首先,在经济领域,社会主义社会在推行国家治理的过程中,要废除资本主义私有制,建立生产资料公有制,并在此基础上大力发展社会生产力,消灭剥削和压迫。在《共产党宣言》中,马克思指出,"现代的资产阶级私有制是建立在阶级对立上面、建立在一些人对另一些人的剥削上面的产品生产和占有的最后而又最完备的表现。从这个意义上说,共产党人可以把自己的理论概括为一句话:消灭私有制"①。社会主义社会与资

---

① 《马克思恩格斯文集》第2卷,人民出版社2009年版,第45页。

本主义社会最根本的区别,在于所有制的区别。只有消灭了生产资料私有制,劳动者才能实现与劳动条件的结合。这样,整个社会也就不存在一个掌握着生产资料的阶级,要求另一个没有生产资料的阶级通过劳动为自己服务了。生产资料的所有者,同时也是生产资料的使用者,唯有如此,劳动者才能真正地掌握劳动及其产物,才能真正地在社会范围内,消灭剥削和两极分化。另外,在推进国家治理的过程中,社会主义国家必须大力发展生产力,满足人民群众的日益变化且日益增长的基本需要。消灭了剥削和压迫,也就等同于最大限度地解放和发展了生产力,因为新的所有制关系更加能够适应生产力的发展需要。当然,在这样的历史条件下,社会主义国家也必须在掌握生产力的基础上,积极谋划、全面统筹,努力满足人民日益增长且变化的现实需要。

其次,在政治领域,社会主义国家在推进国家治理的过程中,必须建立无产阶级专政,巩固无产阶级政党的领导地位,确保劳动人民当家作主。马克思指出,"无产阶级革命将建立民主的国家制度,从而直接或间接地建立无产阶级的政治统治"①。无产阶级建立自己的政治统治,确立自己在国家政权中的核心和领导地位,是巩固无产阶级革命成果的必然要求,也是从社会主义社会最终迈向共产主义社会的必然选择。当然,无产阶级建立起的国家政权与资产阶级的国家政权有着根本不同,因为"奴役他们的政治工具不能当成解放他们的政治工具来使用"②。资产阶级利用国家政权推行国家治理的根本目的,在于压迫广大劳动群众,而无产阶级政权的目的,在于巩固公有制经济,推动社会生产力进步,不断满足人民的现实需要。二者存在本质上的区别与对立。更重要的是,无产阶级建立国家政权的方式,是以确立和巩固无产阶级政党领导权来实现

---

① 《马克思恩格斯选集》第1卷,人民出版社2012年版,第304页。
② 《马克思恩格斯选集》第3卷,人民出版社2012年版,第163页。

的。确立共产党的领导核心地位，才能够在新的历史条件下，在社会主义社会，凝聚意识、鼓舞斗志，维护社会主义社会的长治久安，保障广大劳动人民的根本利益。这才能如列宁所言，最终"使所有劳动者过最美好的、最幸福的生活"①。

最后，在文化层面，社会主义国家在推进国家治理的过程中，必须发展无产阶级文化，不断满足无产阶级的精神文化需要，提升广大劳动者的思想文化境界。马克思和恩格斯认为，在社会主义社会，"要改变一般的人的本性，使它获得一定劳动部门的技能和技巧，成为发达的和专门的劳动力，就要有一定的教育或训练"②。所谓的"教育和训练"也不是纯粹科学技术层面的，更多的是一种文化的熏陶和精神的陶冶，让广大劳动者从长期以来统治着他们的资产阶级意识形态中解放出来，形成对无产阶级文化观念的自觉认知、科学理解与准确把握。同时，这也能够使广大劳动者时刻抵御来自资本主义文化的侵略和渗透，保护革命的胜利果实与自身的现实利益。

第二节 始终坚持国家治理为了人民

马克思、恩格斯的国家治理思想内容丰富、体系完整、思想深刻，但是最核心的要义只有一个，那就是在社会主义社会的条件下，必须坚持人民在国家治理中的主体地位，积极维护并发展最广大劳动人民的根本利益。1895年，恩格斯在致桑巴特的信中深刻地指出，"马克思的整个世界观不是教义，而是方法。它提供的不是现成的教条，而是进一步研究的出发点

---

① 《列宁选集》第3卷，人民出版社1995年版，第546页。
② 《马克思恩格斯全集》第23卷，人民出版社1972年版，第195页。

和供这种研究使用的方法"①。可以说,这是马克思主义从理论走向现实、从概念走向实际的最精辟思想概括。的确,马克思主义指明了人类历史发展的一般规律,但是没有穷尽一切社会走向现代化、走向未来的具体路径。这也是马克思主义中国化、时代化、大众化的理论前提和历史必然。中国共产党以马克思主义理论为指导,继承了马克思主义政党的内在本质,结合中华优秀传统文化,立足变化发展的中国实际情况,在具体的革命、建设与改革中,逐步形成了中国共产党人的人民观,在不断推动国家治理的过程中,把人民的主体地位落到实处。

一、历史和物质前提

习近平总书记指出,"人民立场是马克思主义政党的根本政治立场,人民是历史进步的真正动力,群众是真正的英雄,人民利益是我们党一切工作的根本出发点和落脚点"②。这一论述与马克思主义的人民观一脉相承,指明了坚持和发展新时代中国特色社会主义伟大事业的基本遵循和价值追求,正面阐释了中国共产党推动国家治理的根本要求、路径选择与方法指引。在《共产党宣言》中,马克思认为,共产党"没有任何同整个无产阶级的利益不同的利益。他们不提出任何特殊的原则,用以塑造无产阶级的运动"③。的确,共产党就是无产阶级利益的代表,是无产阶级运动的领导者。中国共产党也始终代表着中国人民的根本利益,服务于中国人民的幸福生活,中国共产党制定的任何方针政策,也都是为人民服务的,以增进人民的福祉、满足人民的需要、适应人民的发展为根本诉求。

---

① 《马克思恩格斯文集》第10卷,人民出版社2009年版,第691页。
② 《习近平谈治国理政》第二卷,外文出版社2017年版,第189页。
③ 《马克思恩格斯文集》第4卷,人民出版社2009年版,第3页。

在革命时期,新中国尚未成立,从那时起,中国共产党就始终把人民放在心上,为了人民的利益服务。毛泽东同志在《为人民服务》中指出,"我们的共产党和共产党所领导的八路军、新四军,是革命的队伍。我们这个队伍完全是为着解放人民的,是彻底地为人民的利益工作的"①。与当时中国的其他任何武装力量不同,中国共产党领导的八路军和新四军,不是为了社会中的某个阶级或某个群体,而是为了遭受奴役和压迫着的最广大中国人民。近代之后,中国就沦为了半殖民地半封建社会,帝国主义和封建势力,成为压迫中国人民的根本反动力量。同时,中国社会的阶级构成也十分复杂。不同阶级对待中国革命的态度是不同的。只有中国共产党彻底地站在了工人阶级和农民阶级的一方,为了民族独立、人民自由,团结一切可以团结的力量,完成了反帝反封建的根本任务,推翻了压在中国人民身上沉重的历史负担。领导中国人民实现了新民主主义革命的最后胜利,中国人民从此站立起来了。

国家治理能否真正为了人民,能否真正为人民服务,关键在于主导着这个国家的经济基础究竟以何种方式呈现。马克思主义认为,生产力决定生产关系、经济基础决定上层建筑。资产阶级政党之所以只是为了占社会人口小部分的利益集团服务,在于资产阶级政党遵循的意识形态,更重要的是要考察资产阶级政党治国理政时的经济基础。在资本主义社会,以榨取剩余价值为基础的资本主义所有制,主宰着国家与社会的经济、政治、文化、社会和生态等各个领域。在这样的经济基础之上,资产阶级政党只能是资产阶级维护自己统治地位的工具。中国共产党人深知这个道理。要想让国家治理真正为人民服务,坚持以人民为中心的基本原则,中国共产党人必须掌握历史主动,消灭以剥削为基础的生产方式。唯

---

① 《毛泽东选集》第三卷,人民出版社1991年版,第1004页。

有如此,党才能真正具备为人民服务的客观能力,党始终坚持的马克思主义人民观才能真正落到实处。在马克思主义的指导下,植根于人民、造福于人民,是中国共产党百年奋斗历程的生动写照,是党在中国革命、建设、改革各个历史时期的实践遵循,是党始终得到人民群众拥护和信赖的根本原因,更是我们党继往开来、勇往直前的不竭动力。

二、社会主义革命和建设时期

新民主主义革命虽然建立了新中国,但是并没有彻底完成无产阶级革命,中国社会依旧是一个阶级社会,阶级压迫仍旧在很大的范围内存在。在这样的历史条件下,国家只能最终沦为阶级统治的工具,它与社会的关系仍旧是"异化"的,最广大劳动者的利益仍旧得不到保障。对此,马克思、恩格斯有着深刻的论述。在《家庭、私有制和国家的起源》中,恩格斯指出,"这种十分单纯质朴的氏族制度是一种多么美妙的制度呵!没有士兵、宪兵和警察,没有贵族、国王、总督、地方官和法官,没有监狱,没有诉讼,而一切都是有条有理的"①。在这里,氏族制度不仅是一种社会组织形式,是一种生产方式的体现,同时也标识着一个社会的生产力水平。在相对古老的氏族社会中,生产力水平普遍偏低,以家庭血缘为基础的生产方式,足以适应当时生产力发展的基本需要。不过,随着生产力的发展、社会财富的增加,氏族制度这种社会组织形式,越来越不能满足生产力的发展需要。在原始社会末期,生产力的进步,使整个社会的经济领域和政治领域,出现了事实上的统治阶级与被统治阶级。两个阶级在权力关系、财富分配、利益取舍上,存在严重的分歧和对抗。为了调节这种

---

① 《马克思恩格斯选集》第4卷,人民出版社2012年版,第108页。

矛盾，缓和社会冲突，维持生产力的正常发展，保护整个社会的平稳运行，凌驾于社会之上的公共权力便从此出现了，"这种从社会中产生但又自居于社会之上并且日益同社会相异化的力量，就是国家"①。这句话虽然简短，但实际上内涵十分丰富。首先，它阐明了国家不是与人类社会从始至终就存在的，它是社会生产力发展的产物，是社会进步的直接表现。另外，它阐明了国家与社会是相互区分、相互对抗的。因为，国家虽然产生于社会，但却"异化"于社会，是社会的统治性和主导性力量，而非相反。

在这样的理论前提下，马克思、恩格斯又进一步解释了阶级社会中国家的本质。在他们看来，国家实际上是一个虚幻的共同体，"由于这种共同体是一个阶级反对另一个阶级的联合，因此对于被统治的阶级来说，它不仅是完全虚幻的共同体，而且是新的桎梏"②。可以看出，马克思、恩格斯对国家本质的判定是极为深刻的。因为，马克思、恩格斯没有单纯从国家的政权组织形式和思想文化观念角度，判定国家的本质，而是从整个社会的阶级性质与阶级关系出发，厘清国家在社会中充当的现实功能和具体作用。所以，国家"异化"于社会这一判断，应当至少从两方面出发，把握其准确的内涵。第一个方面，是国家与社会中一切人的关系。霍布斯认为，国家形成之前的自然状态，是"一切人对一切人的战争"，也就是说，任何人都不受约束地任意妄为。国家的出现，结束了这样的状态，实现了对每个人的思想观念与行为选择的制约。第二个方面，是统治阶级对被统治阶级的关系，而这也是最本质、最核心的方面。马克思主义认为，生产力决定生产关系，经济基础决定上层建筑，一个社会的性质，归根结底要从主导着这个社会的生产力、生产方式的内涵去判断。在阶级社

---

① 《马克思恩格斯选集》第 4 卷，人民出版社 2012 年版，第 187 页。
② 《马克思恩格斯选集》第 1 卷，人民出版社 2012 年版，第 199 页。

会,以压迫和剥削为基础的生产方式主导着这个社会,国家作为这种社会形态的具体表现方式,本质上是对这种阶级压迫的维护,充当着统治阶级压迫被统治阶级的工具。的确,在阶级社会中,国家的法律规范、道德伦常,在一定程度上也可以约束统治阶级。但是,从更长远和更实际的角度来看,这种约束的根本目的,实际上是为了使统治阶级更好地从国家机器中为自己谋得福利和实惠。

新中国成立之后,立足新的历史起点,中国共产党继承马克思主义的国家治理思想,在新民主主义革命胜利之后,坚持推动社会主义革命,彻底消灭经济领域的剥削制度,真正意义上开启了国家治理的历史进程,而这也直接奠定了国家治理为了人民的现实基础。新民主主义革命时期的主要任务是反帝反封建,在这样的历史背景下,民族资产阶级与工人阶级总体上处于一个革命阵营之中。它们面对着共同的敌人。而封建势力和帝国主义在压迫剥削工人阶级和农民阶级的同时,也在阻碍着资产阶级的深入发展。不过,反帝反封建的任务完成以后,对工人阶级和农民阶级而言,压迫者就从帝国主义和封建势力,转变为资产阶级。如果不巩固新民主主义革命的胜利果实,彻底地消灭剥削制度,那么,中国共产党在具体的治国理政中,就很难真的坚持一切为了人民。于是,在新民主主义革命之后,中国共产党又领导了社会主义革命。到了1956年,我们已经基本完成了对生产资料所有制的社会主义改造,基本上实现了生产资料公有制和按劳分配制度,社会主义经济制度确立起来。这意味着,中国人民在中国共产党的领导下,终于真正意义上当家作主,真正意义上掌握了社会生产力,真正意义上把自己的前途命运掌握在了自己手里。这不仅是有史以来从未有过的,也为今后社会主义的建设和改革奠定了坚实的基础。

三、改革开放和社会主义现代化建设时期

到了改革开放和社会主义现代化建设时期,中国共产党吸取社会主义建设的宝贵经验,结合中国发展的阶段性特点与人民群众的迫切现实需要,继续坚持国家治理为了人民,切实地为人民谋福祉。20 世纪 70 年代末,贫困问题成为阻碍社会主义事业向前推进的重要障碍。整个社会的生产力水平普遍低下,民生问题长期得不到改善,广大人民群众的生活水平普遍偏低。邓小平同志指出,"现在在世界上我们算贫困的国家,就是在第三世界,我们也属于比较不发达的那部分"①,陈云也指出,"建国快三十年了,现在还有讨饭的,怎么行呢? 要放松一头,不能让农民喘不过气来"②。为了彻底地扭转这样的局面,以邓小平同志为核心的党的第二代中央领导集体,解放思想、实事求是、高瞻远瞩、审时度势,作出了改革开放的科学研判,开启了改革开放的历史进程。1978 年 12 月,党的十一届三中全会召开,果断结束"以阶级斗争为纲",实现党和国家工作中心的战略转移。这是新中国成立以来党的历史上具有深远意义的伟大转折。改革既是基于政党对社会发展未来趋势的判断,同时也是现实对政党治国理政的倒逼。当然,从任何角度而言,改革开放的出发点是为了人民,改革开放的落脚点,还是为了人民。改革开放 40 多年来,中国社会的生产力水平有了跨越性的发展。目前,中国已经是世界第二大经济体,第一大工业国,中国民众的生活水平更是有了显著的提高,人民生活相比之前更加富裕且有保障。江泽民同志指出,"建设有中国特色社会主义

---

① 《邓小平文选》第二卷,人民出版社 1994 年版,第 128 页。
② 《陈云文选》第三卷,人民出版社 1995 年版,第 236 页。

全部工作的出发点和落脚点，就是全心全意为人民谋利益"①，胡锦涛同志指出，"只有我们把群众放在心上，群众才会把我们放在心上；只有我们把群众当亲人，群众才会把我们当亲人"②。的确，中国共产党推动国家治理的过程中，始终把人民群众放在心上，始终把人民群众当作亲人。

四、中国特色社会主义进入新时代

进入新时代之后，坚持和完善中国特色社会主义制度，推进国家治理体系和治理能力现代化，根本价值追求就是要坚持国家治理为了人民。党的十八大以来，以习近平同志为核心的党中央以巨大的政治勇气和使命担当，坚持统筹推进"五位一体"总体布局、协调推进"四个全面"战略布局，贯彻落实创新、协调、绿色、开放、共享的发展理念，全面深化改革，切实解决中国社会发展中存在的体制机制问题，努力提升人民群众的获得感幸福感安全感。可以说，这都是坚持治国理政为了人民的集中体现。改革开放以来，中国社会的生产力水平实现了巨大飞跃。现在，中国社会的主要矛盾已经发生了历史性转变，人民日益增长的美好生活需要和不平衡不充分的发展之间的矛盾，成为现阶段社会的主要矛盾。中国共产党积极贯彻党的基本理论、基本路线、基本方略，统揽伟大斗争、伟大工程、伟大事业、伟大梦想，坚持稳中求进工作总基调，出台一系列重大方针政策，推出一系列重大举措，推进一系列重大工作，战胜一系列重大风险挑战，最终解决了许多长期以来想解决而没有解决的难题，办成了许多过去想办而没有办成的大事，推动党和国家事业取得历史性成就、发生历史

---

① 《江泽民文选》第二卷，人民出版社 2006 年版，第 45 页。
② 《胡锦涛文选》第三卷，人民出版社 2016 年版，第 478 页。

性变革。那么,这种成就和变革的本质是什么? 归根结底,就是人民不断增长的幸福生活。正如习近平总书记指出的那样,"检验我们一切工作的成效,最终都要看人民是否真正得到了实惠,人民生活是否真正得到了改善,这是坚持立党为公、执政为民的本质要求,是党和人民事业不断发展的重要保证"①。

第三节　始终坚持国家治理依靠人民

1943 年,在《关于领导方法的若干问题》中,毛泽东同志指出,"在我党的一切实际工作中,凡属正确的领导,必须是从群众中来,到群众中去。这就是说,将群众的意见(分散的无系统的意见)集中起来(经过研究,化为集中的系统的意见),又到群众中去作宣传解释,化为群众的意见,使群众坚持下去,见之于行动,并在群众行动中考验这些意见是否正确。然后再从群众中集中起来,再到群众中坚持下去。如此无限循环,一次比一次地更正确、更生动、更丰富。这就是马克思主义的认识论"②。这就是中国共产党对"群众路线"基本内涵的基本概括。总结起来就是一句话:"一切为了群众,一切依靠群众,从群众中来,到群众中去"。习近平总书记也深刻地指出,"人民是真正的英雄,激励人民群众自力更生、艰苦奋斗的内生动力,对人民群众创造自己的美好生活至关重要。只要我们始终坚持为了人民、依靠人民,尊重人民群众主体地位和首创精神,把人民群众中蕴藏着的智慧和力量充分激发出来,就一定能够不断创造出更多

---

① 中共中央文献研究室编:《习近平关于社会主义经济建设论述摘编》,中央文献出版社 2017 年版,第 19 页。

② 《毛泽东选集》第三卷,人民出版社 1991 年版,第 899 页。

令人刮目相看的人间奇迹"①。依靠人民的力量、发掘人民的智慧,既是中国共产党领导中国革命、建设、改革,步入新时代、取得新成功、走向新辉煌的关键,也是马克思主义国家治理思想的基本要求。

一、国家治理依靠人民是贯彻新发展理念的必然要求

在推进国家治理的过程中,只有依靠人民力量,发掘人民智慧,才能真正贯彻新发展理念,推动经济发展质量变革、效率变革、动力变革。党的十九届六中全会指出,"贯彻新发展理念是关系我国发展全局的一场深刻变革,不能简单以生产总值增长率论英雄,必须实现创新成为第一动力、协调成为内生特点、绿色成为普遍形态、开放成为必由之路、共享成为根本目的的高质量发展"②。进入 21 世纪,创新是推动经济社会发展的重要动力,而长期以来,我国的确存在创新能力相对不足的问题。特别是相比于西方发达资本主义国家,我国在经济科技等领域的创新能力有待进一步提高和加强。改革开放至今,中国已经深刻地融入了世界,整个社会已经是一个庞大而复杂的有机体系。不同领域之间沟通联络密集频繁。在这样的时代背景下,要想切实提高创新能力,必须紧紧地依靠人民的力量,发掘人民的智慧,把不同行业、不同方面的个人、群体的创新意识凝聚起来,激发人民的创新创造能力,进一步加强并保障创新成果向现实生产力的转化。为全民创新、全民创造提供必要保障。

协调发展直接关系到共同富裕的实现,意义重大。依靠人民力量、发掘人民智慧,同样是实现协调发展的必要手段。当前,区域间、城乡间、经

①　习近平:《在全国脱贫攻坚总结表彰大会上的讲话》,人民出版社 2021 年版,第 17 页。
②　《中国共产党第十九届中央委员会第六次全体会议文件汇编》,人民出版社 2021 年版,第 58 页。

济与社会、物质文明与精神文明等多领域、多维度之间发展不平衡不充分的问题依然较为严重。在这样的背景下，最大限度地调动广大人民的群众的积极性，在推动新时代中国特色社会主义事业不断发展的大局中，积极作为、勇于担当，逐渐消弭经济社会发展的不平衡不充分便显得尤为重要。例如，在精准扶贫过程中，我们不仅为贫困地区、贫困户直接地提供帮扶，同时也发挥他们的主观能动性，使之具备不断致富的物质能力和理想诉求。

紧紧依靠人民力量，充分发掘人民智慧，强化公民环境意识，把建设美丽中国化为人民自觉行动，是真正实现绿色发展的关键。习近平总书记指出，"要加强生态文明宣传教育，增强全民节约意识、环保意识、生态意识，营造爱护生态环境的良好风气"①。人与人的社会关系，将直接表现在人与自然的关系之中，而人与自然的关系，也决定、制约或者推动人与人社会关系的不断进步。在社会主义社会中，每个人、每个社会群体，都可以根据社会发展的整体需要，自觉地取舍自己的实践行为。在人与自然的关系中，每个人都有能力、有责任、有义务，保护自然、爱护环境，维护好自己赖以生存的家园。只有整个社会的全体公民都以不同的方式行动起来，人与自然才能够真正实现长久地和谐共存。

20世纪以来，全球化已经成为不可逆转的历史大势。对于中国而言，紧紧依靠人民力量，充分发掘人民智慧，能够更好地向世界展现出一个崭新的中国形象和中国面貌，世界也能够更深度地接纳中国，与中国交流互通，才能真正构建人类命运共同体。国与国的深入交流，不仅是政府之间的官方往来，更重要的是社会领域不同民族、国家之间的沟通和互动。在这一过程中，应当积极鼓励国人秉承中华优秀传统文化，以良好的

---

① 《习近平关于社会主义生态文明建设论述摘编》，中央文献出版社2017年版，第116页。

精神面貌,在经济、文化等领域,与其他民族国家的公民积极交流。这必将成为推动我国经济开放发展的重要助推因素。

共享发展维护社会公平正义的经济表达,是社会主义本质的必然要求。勤劳方能致富、实干才可兴邦,实现共享发展,必然要积极发挥广大人民群众的生产劳动积极性,使人民群众积极投入新时代中国特色社会主义事业中去,在拼搏与奋斗中,自己创造美好生活,为国家贡献自己的力量。另外,更重要的是,也要鼓励先富带动后富。应该说,这很难直接通过国家的强制手段实现,因此,在实现共享发展的问题上,使人民形成帮扶自觉、树立共富意识,则发挥着不可替代的重要作用。

二、国家治理依靠人民是保证人民当家作主的必然选择

在推进国家治理的过程中,只有依靠人民力量,充分发掘人民智慧,才能保障人民当家作主的地位,实现全面从严治党,健全全面、广泛、有机衔接的人民当家作主制度体系,坚持和完善党的领导。习近平总书记指出,"国家的一切权力属于人民,一切国家机关和国家工作人员必须依靠人民的支持,经常保持同人民的密切联系,倾听人民的意见和建议,接受人民的监督,努力为人民服务。无论是中国共产党执政,还是国家机关施政,都必须坚持贯彻群众路线,紧紧依靠人民"[1]。可以这样说,"人民当家作主"与"为了人民、依靠人民"是同义词。为了人民,是社会主义本质的必然要求,依靠人民,是推动社会主义事业繁荣发展的必然保障。因为,人民的需要是社会发展的重要动力,人民的关切是执政施政的基本指南,人民的支持是坚持和完善党的领导的前提保障。

---

① 《习近平关于社会主义政治建设论述摘编》,中央文献出版社2017年版,第68页。

更重要的是，依靠人民，也等同于让人民积极参与到公共事务的决策管理，并使公共权力时刻处于人民的监督之下。习近平总书记指出，"既保证人民依法实行民主选举，也保证人民依法实行民主决策、民主管理、民主监督"①。推动社会主义民主政治建设，保障人民当家作主的重要表现，就是使人民直接参与到公共事务之中，使人民切实地成为国家、社会的主人翁。另外，人民也应当时刻监督公共权力的组织运行。马克思曾指出，"一切社会公职，甚至原应属于中央政府的为数不多的几项职能，都要由公社的勤务员执行，从而也就处在公社的监督之下"②。在社会主义社会，特别是生产力相对不发达的时期，公共权力仍旧具有异己性。因为，它虽然不再充当阶级统治的工具，彻底地压迫着被统治阶级，但是它也与社会中的个体诉求并不完全统一。公共权力的所有者虽然是广大人民群众，但是公共权力的行使者的利益和价值诉求，在特定历史条件下，并不一定完全符合最广大人民的根本利益需要。这也是社会主义条件下腐败产生的重要原因之一。因此，依靠广大人民群众监督、管理公共权力，实际上是推动国家治理过程中全面从严治党，以人民为中心原则的集中体现。

三、国家治理为了人民、依靠人民的现实意义

坚持国家治理为了人民，实现了对马克思主义经典理论的守正创新，彰显了社会主义制度的历史和时代优越性。马克思主义理论诞生于19世纪的欧洲，没有为中国共产党的国家治理提供现成的答案或具体的方法。但是，马克思主义理论中蕴含的治国理政思想，特别是其中坚持人民

---

① 《习近平关于社会主义政治建设论述摘编》，中央文献出版社2017年版，第17页。
② 《马克思恩格斯文集》第3卷，人民出版社2009年版，第222页。

主体地位的核心理念,则被中国共产党积极继承了下来,并在不断的实践活动中对之进行丰富和发展。时至今日,中国共产党已经形成了丰富而系统的国家治理思想。这为马克思主义在当代中国乃至世界的发展繁荣作出了巨大贡献。另外,经过 20 世纪的洗礼与 21 世纪世界格局的深刻变革,西方资本主义国家的治理理念及其具体方式,与 19 世纪马克思所处的时代相比,已经发生了巨大的变化。在发达资本主义国家内部,工人阶级的生活水平相比几个世纪以前确实得到了提高,整个国家机器相比之前,也在一定意义上更加注重社会底层劳动的生活福利。但是,这丝毫没有改变西方资本主义国家建立在阶级压迫与斗争之上的本质。贫富差距的日益拉大、全球性危机的普遍蔓延、阶级矛盾的日益严重,无不证明西方社会正面临着复杂矛盾与重重风险。2019 年年底新冠肺炎疫情袭来,仅从世界各国的应对方式中,就可以看出,西方国家对内不管底层民众生命安全,对外以邻为壑散步政治谣言。相比之下,中国则显示出了大国担当,对内调动一切可以调动的力量,抗击疫情,形成了伟大的抗疫精神,保障了人民群众的生命安全,对外积极承担国际义务,为世界人民抗击疫情作出重要共享。毫无疑问,这是中国特色社会制度优越性的集中体现,是中国式现代化道路的具体表达。

坚持国家治理依靠人民,筑牢了中华民族不畏风险挑战的精神之基与克服艰难险阻的力量之源,彰显了中国国家制度和国家治理体系的显著优势。党的十九届四中全会强调"我国是工人阶级领导的、以工农联盟为基础的人民民主专政的社会主义国家",鲜明表达了坚持人民民主专政这一国家根本制度的坚定意志。全会强调坚持人民主体地位,坚定不移走中国特色社会主义政治发展道路,使各方面制度和国家治理更好体现人民意志、保障人民权益、激发人民创造,确保人民依法通过各种途径和形式管理国家事务,管理经济文化事业,管理社会事务,并且明确提出了坚持和完善人民民主专政根本制度的重要任务。紧紧依靠人民推动国家发展、各民族共同团结奋斗是中国国家制度和国家治理体系的显著优势。面对灾害，万众一心，这是中华民族在长期斗争中形成的民族精神。中华五千年文明史，也是一部中华民族不断遭遇灾害、不断与灾害抗争的历史。新中国成立以来，我们成功应对了1976年唐山大地震、1998年特大洪水灾害、2008年南方冰雪灾害、2008年汶川特大地震、2010年玉树地震等自然灾害和突发事件。除了自然灾害之外，近年来中国发生的2003年的"非典"（SARS）等公共卫生事件也呈现出暴发性强、控制难度大等特点。在战胜这些灾害和突发事件的过程中，中国人民齐心协力、步调一致，一次次履险如夷、化危为机，将"不可能"变成"一定能"！新冠肺炎疫情发生以来，党中央高度重视，始终把人民群众生命安全和身体健康放在第一位。坚持人民至上、生命至上，不惜一切代价保护人民生命安全和身体健康，同时，紧紧依靠人民群众，广泛动员全民行动起来，坚决打赢疫情防控的人民战争。中国的各级政府机关和企事业单位等紧急行动、全力奋战；广大医务人员迅速集结、无私奉献、英勇奋战，不顾个人安危，与病魔奋斗在一线；各行各业的劳动者为保障城市运行、保障群众生活而坚守岗位、加班加点生产；更多普通群众通过捐款捐物等各种方式，积极参与疫情防控。目前，中国的疫情防控工作充分体现了人民的主体作用。正是在中国共产党的坚强领导下，中国人民万众一心，经过艰苦卓绝的努力，疫情防控阻击战取得了重大战略成果。

坚持国家治理为了人民、依靠人民，是实现第二个百年奋斗目标的力量源泉。在第一个百年奋斗目标如期实现，开启全面建设社会主义现代化国家的第二个百年目标之时，更加要坚持人民主体地位。人民是我们党执政的最大底气，是共和国的坚实根基，是强党兴国的根本所在，是决定我们前途命运的根本力量。近百年来，我们党取得的全部成就，都离不开亿万人民的支持和拥护,都凝结着亿万人民的实践和智慧。始终做到以人民为中心,要求我们充分尊重人民意愿,敬畏人民、依靠人民、服务人民,不断满足人民对美好生活的向往,才能得民心、聚民力、集民智,把中国特色社会主义事业推向新胜利。现在,我们已经解决了困扰中国社会几千年的绝对贫困问题,创造了新的人间奇迹。在未来,我们也必将在中国共产党的正确领导下,始终坚持人民的主体地位,坚持以人民为中心,积极推进国家治理体系与治理能力的现代化,最终实现中华民族伟大复兴的中国梦。

第三章　发展人民当家作主的社会主义民主政治制度

　　党的十八大以来,以习近平同志为核心的党中央励精图治,不断提高党治国理政的水平,解决了许多长期想解决而没有解决的难题,办成了许多过去想办而没有办成的大事,确保国家治理沿着正确方向前进。政治治理是国家治理最为重要的内容。可以说,以什么样的思路来谋划和推进中国社会主义民主政治建设,在国家政治生活中具有管根本、管全局、管长远的作用,也直接影响着国家治理的成效。发展人民当家作主的社会主义民主政治制度就是要坚定不移走中国特色社会主义政治发展道路,坚持党的领导、依法治国和人民当家作主三者有机统一的制度体系建设,发挥社会主义协商民主重要作用,贯穿在全过程人民民主的全链条、全方位;坚持走中国特色社会主义法治道路,更好推进中国特色社会主义法治体系建设;巩固和发展爱国统一战线,汇聚实现中华民族伟大复兴的正能量。

　　完善发展中国特色社会主义制度,推动国家治理体系和治理能力现代化,以"中国之制"保证人民当家作主、参与国家治理的权利,在东西方比较中展现了中国特色社会主义的制度优势;以"中国之制"克服了改革发展的艰难险阻,冲破了国际国内的惊涛骇浪,在纷繁复杂的世界局势中彰显了"中国之治"的独特魅力。

第一节　保证人民当家作主的正确道路

坚持正确的政治发展道路,是关系根本、关系全局的重大问题。习近平总书记在党的十九大报告上指出,"中国特色社会主义政治发展道路,是近代以来中国人民长期奋斗历史逻辑、理论逻辑、实践逻辑的必然结果,是坚持党的本质属性、践行党的根本宗旨的必然要求,是符合中国国情、保证人民当家作主的正确道路"。站在人民群众的立场上,坚定"立党为公、执政为民"的公心,人民当家作主生动地诠释着中国共产党治国理政的全部丰富实践。

一、尊重人民的选择

走中国特色社会主义政治发展道路是历史的选择、人民的选择。一个国家的制度代表谁、为了谁、依靠谁、服务谁,这是一个根本的问题、原则的问题。人民性是中国特色社会主义制度的本质属性,中国特色社会主义制度源于人民、为了人民、代表人民、依靠人民、服务人民。人民是我们最大的靠山,中国特色社会主义制度的创立与发展完善是人民的选择,也是基于人民的利益和意愿。中国特色社会主义制度是捍卫社会正义的根本制度安排,是维护广大人民根本利益的可靠制度载体和坚实制度倚靠,是"保证亿万人民当家作主的新型国家制度"①。

人民当家作主制度,具体地、现实地体现在中国共产党执政和国家治

---

① 习近平:《坚持、完善和发展中国特色社会主义国家制度与法律制度》,《求是》2019 年第 23 期。

理之中,体现在党和国家机关各个方面、各个层级的工作之中,体现在人民依法通过各种途径和形式管理国家事务、管理经济文化事业、管理社会事务的实践之中,是服务全体人民、保障全体人民根本权益的制度,而不是为某一个特定阶级、特定集团利益服务的制度。这正是中国特色社会主义制度有效运行、不断完善、巩固发展的根基所在,也是中国特色社会主义制度深受人民拥护和信赖的关键所在。哈佛大学肯尼迪政府学院2020 年 7 月发布《理解中国共产党韧性：中国民意长期调查》,报告显示,中国民众 2003—2016 年对中央政府的满意度持续提升,2016 年达到93.1%。美国皮尤中心最新民调显示,2019 年度中国民众对政府的满意度超过 86%,为全球最高,远高于世界平均水平的 47%。政府满意度折射出来的,正是人民对中国特色社会主义制度和国家治理体系的高度认可和充分信赖,这是我们坚定制度自信的人民逻辑。

中国特色社会主义进入新时代,坚持以人民为中心的发展思想是习近平新时代中国特色社会主义思想最温暖的底色,这一科学理论坚持党性与人民性的统一,体现了博大的人民情怀。在思想认识上,这一科学理论将人民放在治国理政的最高位置。在实践创新上,这一科学理论紧紧围绕人民群众的美好生活需要,通过制度建设让人民立场这个党的最根本的政治立场长期化稳定化,将人民性永恒地嵌入实践的全过程之中。

二、激发人民创造

群众路线蕴含着人民群众是历史创造者的历史唯物主义群众史观和认识来源于实践又服务于实践的辩证唯物主义认识论原理。中国共产党从成立那天起就坚持群众路线,这是区别于其他政党的显著标志。群众路线是党的根本政治路线和根本组织路线,也是推进国家治理体系和治理能力现代化的重要制度优势。历史证明,坚持群众路线,做好群众工作是我们的光荣传统、优良作风和传家宝,是我们治国理政的最大政治优势,既能够体现人民意志,又能够激发人民创造。

中国共产党在建立初期,就以依靠人民、联系群众为基本出发点,宣告自己是为无产阶级和其他劳动群众的利益而奋斗的政党。1929 年 12 月,毛泽东同志在古田会议决议中指出:党的工作要在党的讨论和决议之后,再经过群众路线去执行。之后,他在一系列文章、指示、报告和讲话中都在阐述和强调深入群众、动员群众、组织群众、宣传群众、教育群众、依靠群众、相信群众、尊重群众、关心群众的问题。1943 年 6 月,毛泽东同志在为中央起草的《关于领导方法的若干问题》决定中第一次较为系统地阐述了"群众路线",指出:"凡属正确的领导,必须是从群众中来,到群众中去。这就是说,将群众的意见(分散的无系统的意见)集中起来(经过研究,化为集中的系统的意见),又到群众中去作宣传解释,化为群众的意见,使群众坚持下去,见之于行动,并在群众行动中考验这些意见是否正确。然后再从群众中集中起来,再到群众中坚持下去。如此无限循环,一次比一次地更正确、更生动、更丰富。这就是马克思主义的认识论。"[1]这段话对作为治国理政基本领导方式和基本工作方法的"群众路线"进行了精辟的总结和概括。

群众路线是中国共产党治国理政的生命线和根本工作路线。中国特色社会主义进入新时代,更要坚持把党的群众路线贯彻到治国理政全过程中,把人民对美好生活的向往作为奋斗目标,依靠人民创造历史伟业。随着时代不断发展,走好群众路线面临新要求、新变化,这就需要创新践

---

① 《毛泽东选集》第三卷,人民出版社 1991 年版,第 899 页。

行群众路线的工作方法，不断完善体制机制，保证贯彻群众路线的科学性、有效性。

三、人民通过人大行使国家权力

我国是工人阶级领导的、以工农联盟为基础的人民民主专政的社会主义国家，国家的一切权力属于人民，人民行使国家权力的机关是全国人民代表大会和地方各级人民代表大会。人民通过自己选出的代表组成全国人大和地方各级人大，行使管理国家事务、管理经济和文化事业、管理社会事务的权力。因此，各级人大及其常委会，以及各级人民政府、国家监察委员会、人民法院、人民检察院等国家机关，都要以保证和发展人民当家作主为己任。通过人民代表大会制度，从各层次各领域扩大公民的有序政治参与，保证人民的知情权、参与权、表达权、监督权；依靠人民的支持，接受人民的监督，凝聚人民群众的广泛共识，最大限度地调动积极因素，做到民有所呼、我有所应。

"只有民主集中制的政府，才能充分地发挥一切革命人民的意志，也才能最有力量地反对革命的敌人。"①人民代表大会制度是按照民主集中制原则组织起来的，既有利于全国人民参加国家管理，也有利于在民主的基础上有效地处理国家事务，是保证人民当家作主的根本政治制度，是支撑中国国家治理体系和治理能力现代化的根本政治制度，是坚持党的领导、人民当家作主、依法治国有机统一的根本制度安排，是中国特色社会主义制度体系的重要组成部分，是人民当家作主的重要途径和最高实现形式。

---

① 《毛泽东选集》第二卷，人民出版社1991年版，第677页。

人民代表大会是代表人民行使国家权力的国家机关,是人民民主专政政权的组织形式,是社会主义上层建筑的重要组成部分,是国家治理体系的重要组成部分。人大及其常委会依法行使立法权、监督权、决定权、任免权等项职权。

第一,加强和改进立法工作。近年来,在立法方面,坚持问题导向,抓住提高立法质量这个关键,发挥立法引领和推动作用。在立法的领域上,加强重要领域立法,围绕国家制度和国家治理体系建设,加强监察、司法、社会治理、国家安全等领域立法。在立法的层级上,赋予所有设区的市地方立法权,同时对其立法权限范围予以明确。

第二,加强和改进法律的实施。法律的生命在于实施。作为治国理政的总依据和中国特色社会主义制度体系、治理体系的总纲领,宪法的全面实施,不仅在推进"中国之治"中更好发挥规范、引领、推动和保障作用。近年来,全国人大常委会依法开展合宪性审查、备案审查,制定关于推进合宪性审查工作的实施意见,妥善回应涉及宪法有关问题的关切,依法纠正违宪违法的规范性文件,保证宪法得到切实遵守和执行;制定完善法规、司法解释备案审查体制机制,建成统一的覆盖全国的备案审查信息平台,初步建成国家法律法规数据库。

第三,加强和改进监督工作。聚焦行政权、监察权、审判权、检察权的依法正确行使,加强对"一府一委两院"执法、监察、司法工作的监督,保证党中央决策部署落到实处,保证宪法法律有效实施。近年来,全国人大以及地方人大及其常委会监督的一项重要内容就是加强国有资产管理监督,人大预算审查监督重点向支出预算和政策拓展,按照"全口径审查、全过程监管"的要求,制定关于进一步加强各级人大常委会对审计查出突出问题整改情况监督的意见,推动党中央决策部署在预算编制和预算执行中贯彻落实。

四、接受人民监督

马克思主义政党的人民观遵循人民民主的思想,指出国家机关必须由社会的主人变为社会的公仆,接受人民监督。马克思主义政党的人民观将人民民主的思想与制度建设结合起来,明确社会主义国家的公共权力始终处于社会力量的监督之下,不是凌驾于社会之上。公共权力没有自己特殊的利益,它的利益就是人民大众的利益。

我国社会主义制度充分体现了人民监督的思想,使党和政府从新中国成立起就置于人民监督下。新中国成立后,中国共产党深刻总结近代中国政治发展的历史经验和建立人民民主政权的实践经验,同广大人民群众一道,最终选择了人民代表大会制度和中国共产党领导的多党合作和政治协商制度。人民代表大会制度是我国的根本政治制度。中国共产党领导的多党合作和政治协商制度,是符合中国国情的社会主义政党制度,是我国的一项基本政治制度。中国共产党与民主党派之间互相监督,是多党合作的重要制度安排。习近平总书记指出:"能听意见、敢听意见特别是勇于接受批评、改进工作,是有信心、有力量的表现。"①

接受人民监督,让权力在阳光下运行,已成为社会共识。在历史的进程中,中国共产党逐步发展和完善了党内监督、人大监督、民主监督、行政监督、司法监督、群众监督、舆论监督制度等一系列制度安排,着手构建了全方位的监督体系,让人民真正成为监督公共权力行使的主人。让人民群众满意是我们党一切工作的根本标准和价值归宿,必须把是否有利于经济社会发展、是否给人民群众带来实实在在的获得感,作为改革成效的

---

① 《习近平谈治国理政》第三卷,外文出版社 2020 年版,第 295 页。

评价标准。正如习近平总书记指出的那样："时代是出卷人，我们是答卷人，人民是阅卷人。"

五、坚持党的领导

中国特色社会主义制度的最大优势是党的领导。党的领导制度健全了，坚持和完善中国特色社会主义制度、推进国家治理体系和治理能力现代化就抓住了关键，就能成功转化为国家治理优势。毛泽东同志曾深刻指出："中国共产党是全中国人民的领导核心。没有这样一个核心，社会主义事业就不能胜利。"中国共产党的领导制度体系是中国之治的首要原因，是新中国70多年发生历史巨变的决定性因素。70多年来，正是因为始终坚持党的集中统一领导，我们才能实现国家高度统一和各民族空前团结，彻底结束旧中国四分五裂、一盘散沙的局面；才能使社会主义国家政权不断巩固，人民当家作主的地位和权利得到有力保障和维护；才能使我国国民经济长期保持高于世界经济同期平均增长水平向前发展；才能有力维护国家主权、安全和民族尊严，彻底结束中国近代以来屈辱外交的历史。正是因为始终坚持党的集中统一领导，我们才能实现伟大历史转折、开启改革开放新时期，才能成功开辟中国特色社会主义新时代和开启中华民族伟大复兴新征程，才能有力应变局、平风波、战洪水、防非典、抗地震、化危机、战疫情，不断开辟"中国之治"新境界。

党的领导必须是全面的、系统的、整体的，必须体现到经济建设、政治建设、文化建设、社会建设、生态文明建设和国防军队、祖国统一、外交工作、党的建设等各个方面。无论哪个领域、哪个方面、哪个环节缺失了、弱化了，都会削弱党的领导，损害党和国家事业。

在我国政治生活中，党是居于领导地位的。加强党的集中统一领导，支持人大、政府、政协和监察机关、审判机关、检察机关、人民团体、企事业单位、社会组织履行职能、开展工作、发挥作用,这两个方面是统一的。在党和国家关系上,党是最高政治领导力量,党领导国家但不取代国家。在中央和地方政府关系上,地方各级人民政府都是国务院统一领导下国家行政机关,服从中央政府。党和国家各级机关都具有明确的政治属性,本质上都是政治机关,都要接受中国共产党的领导。这就从根本上回答了国家政权归谁领导、国家领导权由谁掌握这一治国理政的根本问题。

中华人民共和国宪法制度的发展历程与党的领导、人民当家作主的发展历程紧密相连,这就使党的领导、人民当家作主和依法治国三者具有内在的有机逻辑联系。我国宪法以根本法的形式反映了党带领人民进行革命、建设、改革取得的成果,反映了在历史和人民选择中形成的党的领导地位,确认了中国共产党的执政地位,确认了党在国家政权结构中总揽全局、协调各方的核心地位。坚持党的领导必须建立健全保证宪法和相关法律全面实施的体制机制,离不开各级党和国家机关以及领导干部带头尊法、学法、守法、用法,提高运用法治思维和法治方式深化改革、推动发展、化解矛盾、维护稳定、应对风险的能力。

第二节 发挥社会主义协商民主在
国家治理中的重要作用

健全人民当家作主制度体系,离不开人民民主的丰富实践。协商民主与人民当家作主制度体系相契合,充分反映和保障了人民当家作主的权利,贯穿全过程人民民主的全链条、全方位。中国特色社会主义进入了新时代,以习近平同志为核心的党中央高度重视发展社会主义协商民主。

党的十九大强调,发挥社会主义协商民主重要作用。新时代发挥社会主义协商民主的作用,就要统筹推进政党协商、人大协商、政府协商、政协协商、人民团体协商、基层协商以及社会组织协商,形成整体效能。

一、把协商民主贯穿全过程人民民主

习近平总书记指出,"实现民主政治的形式是丰富多彩的,不能拘泥于刻板的模式。实践充分证明,中国式民主在中国行得通、很管用。"①不可否认,民主的形式与形态确实是多种多样的,探究最优民主模式是人类社会始终的关怀。关于民主的理论也光怪陆离、异常精彩,有直接民主、参与式民主、精英民主、多元民主、自由民主等理论。按理说,历史悠久的自由民主理论为西方现代民主提供了很好的建制原则,但是原则并非等同于现实制度。作为人类理性的民主应当落实到制度层面才能实现,古希腊民主传统也并没有为确保现实民主政治按照既定轨道运行。现实政治中,西方标榜的"程序民主"具有显著的虚幻特征,标榜"一人一票"的选举民主与个人权利至上的民主程序。新冠肺炎疫情在西方社会的肆虐让我们更清楚地感受到,社会的无序状态揭示了西方"民主"神话的破灭。西方的民主并非是所有个体的民主,而是利益集团的民主。金钱至上必然导致其民主为少数人所操纵,背后掌控之人便是大资本家。所谓的选票至上、程序至上并没有真正实现民众的基本诉求,这使民主表面化、形式化、标签化,这恰恰与人类所推崇的民主价值背道而驰。

作为中国式民主新形态,全过程民主反映了中国特色社会主义民主政治的本质特征。2019 年 11 月 2 日,习近平总书记到上海市长宁区虹

---

① 《习近平谈治国理政》第三卷,外文出版社 2020 年版,第 294 页。

桥街道古北市民中心考察调研时指出："我们走的是一条中国特色社会主义政治发展道路，人民民主是一种全过程的民主，所有的重大立法决策都是依照程序、经过民主酝酿，通过科学决策、民主决策产生的。希望你们再接再厉，为发展中国特色社会主义民主继续作贡献。"① 人民民主是中国式民主的表现形态，人民及其需要构成了全过程民主的起点，人民的参与、人民协商、人民的监督有机地统一于全过程民主。"全过程人民民主"是对中国共产党百年来民主经验的总结与概括，是对中国特色社会主义民主政治本质特征的高度凝练，也是对马克思主义民主理论的重大创新。党的十九大报告指出，"人民美好生活需求日益广泛，不仅对物质文化生活提出了更高要求，而且在民主、法治、公平、正义、安全、环境等方面的要求日益增长"②。社会主要矛盾的转变，揭示了人民对民主的新要求，即要求民主制度能够代表并且回应人民的利益。我国的参与式民主保障了公民的知情权、参与权、表达权与监督权，这有利于实现全过程人民民主对民众诉求的动态回应，保障了人民当家作主。因此，全方位地贯彻全过程人民民主，是健全人民当家作主制度体系的关键，也是推进国家治理现代化的制度基础。党的十九届六中全会通过的《中共中央关于党的百年奋斗重大成就和历史经验的决议》指出，要"积极发展全过程人民民主，健全全面、广泛、有机衔接的人民当家作主制度体系"③。

协商民主是党领导人民有效治理国家，保证人民当家作主的重要制度设计。作为全过程民主的重要组成部分，协商民主是党领导人民有效治理国家的制度优势，同其他各民主环节相互补充、相互支撑、相得益彰。

① 《习近平：中国的民主是一种全过程的民主》，新华网，http://www.xinhuanet.com/2019-11/03/c_1125186412.htm？ivk_sa=1023197a。
② 《习近平谈治国理政》第三卷，外文出版社2020年版，第9页。
③ 《中共中央关于党的百年奋斗重大成就和历史经验的决议》，人民出版社2021年版，第39页。

人民政协作为社会主义协商民主的重要渠道和专门的协商机构,是发展全过程人民民主的重要制度安排。习近平总书记指出,人民政协要"把协商民主贯穿履行职能全过程,坚持发扬民主和增进团结相互贯通、建言资政和凝聚共识双向发力,积极围绕贯彻落实党和国家重要决策部署情况开展民主监督"①。

人民政协是中国式独特的民主形态的重要组成部分,是人民民主的重要实现形式。习近平总书记明确指出,"人民政协是中国共产党把马克思列宁主义统一战线理论、政党理论、民主政治理论同中国实际相结合的伟大成果"②,是政治制度上的伟大创造。马克思、恩格斯认为,民主的具体内涵与其意义有关。"民主是什么呢? 它必须具备一定的意义,否则它就不能存在。因此全部问题就在于确定民主的真正意义。"③马克思主义式的民主是实质民主,最终目的在于实现人的普遍本质和人民的利益。对于我国而言,中国特色社会主义政治发展道路是符合我国具体国情的中国特色的政治道路,人民民主理论和制度是中国共产党经过长期的实践,得出的真理性认识、伟大的和辉煌的实践成就,是历史和实践的产物。人民当家作主是社会主义民主政治的本质要求,全过程的民主是中国特色的人民民主的制度独创。人民民主的真谛,不是由少数人管理国家,少数人享受国家的福利,而是"众人的事情由众人商量",是找到社会意愿的最大公约数。民主协商在其中起到重要作用,人民政协是保障人民当家作主的重要制度设计。与单纯的选举民主不同,加入协商民主的制度设计充分体现了社会主义民主的本质,将全过程民主嵌入实践的各个环节。发展协商民主是社会主义的题中之义,协商所求得的最大公

①　《习近平谈治国理政》第三卷,外文出版社2020年版,第293页。
②　《习近平谈治国理政》第三卷,外文出版社2020年版,第291页。
③　《马克思恩格斯全集》第10卷,人民出版社1998年版,第315页。

约数也体现了社会主义的本质,人民政协是中国式民主道路的必然选择。党的十八大以来,全过程人民民主贯穿在民主选举、民主协商、民主决策、民主管理、民主监督各个环节,更好地实现了人民当家作主,贯穿全过程人民民主。

二、继续加强政党协商,积极开展人大协商,扎实推进政府协商

政党协商是中国共产党同民主党派基于共同的政治目标,就党和国家重大方针政策和重要事务,在决策之前和决策实施之中,直接进行政治协商的重要民主形式。政党协商内容包括:中共全国代表大会、中共中央委员会的有关重要文件;宪法的修改建议,有关重要法律的制定、修改建议;国家领导人建议人选;国民经济和社会发展的中长期规划以及年度经济社会发展情况;关系改革发展稳定等重要问题;统一战线和多党合作的重大问题;其他需要协商的重要问题。中共中央每年至少召开4次党外人士座谈会,由中共中央总书记主持会议,就各民主党派关注的重点问题、半年度经济社会发展情况、中央全会文件、中央经济工作会议文件等内容进行协商。协商形式更加多样,主要采取会议协商,包括专题协商座谈会、人事协商座谈会、调研协商座谈会以及其他协商座谈会等,还有约谈协商、书面协商等。

人大协商,就是人大在重大决策之前根据需要进行充分协商,更好地汇聚民智、听取民意,支持和保证人民通过人民代表大会行使国家权力。第一,开展立法工作中的协商,就是在制定立法规划、立法工作计划,以及在实际的立法过程中建立健全有效管用的工作机制,听取各方面的意见和建议。第二,发挥好人大代表在协商民主中的作用。比如,健全法律法

规规章起草征求人大代表意见制度,增加人大代表列席人大常委会会议人数,更好发挥人大代表在立法协商中的作用。第三,鼓励基层人大在履职过程中依法开展协商,探索协商形式,丰富协商内容。

政府协商,主要是围绕有效推进科学民主依法决策,增强决策透明度和公众参与度,解决好人民最关心最直接最现实的利益问题而展开,其目的就是推进政府职能转变,提高政府治理能力和水平。具体来说,第一,政府根据法律法规规定和工作实际,探索制定并公布协商事项目录。第二,增强协商的广泛性针对性,专业事项坚持专家咨询论证。第三,完善政府协商机制。完善意见征集和反馈机制,规范听证机制,建立健全决策咨询机制,完善人大代表议案建议和政协提案办理联系机制。

三、进一步完善政协协商,稳步推进基层协商

发挥人民政协作为协商民主重要渠道和专门协商机构的作用,就要在中国共产党领导下,参加人民政协的各党派团体、各族各界人士履行政治协商、民主监督、参政议政职能,围绕国家和地方的大政方针,各党派参加人民政协工作的共同性事务、政协内部的重要事务,在决策之前和决策实施之中广泛协商、凝聚共识。一方面,要完善政协会议及其他协商形式,适当增加专题议政性常委会议和专题协商会次数,完善协商座谈会制度。更加灵活、更为经常地开展专题协商、对口协商、界别协商、提案办理协商,探索网络议政、远程协商等新形式。另一方面,要加强政协协商与党委和政府工作的有效衔接。规范协商议题提出机制,认真落实由党委、人大、政府、民主党派、人民团体等提出议题的规定,探索由界别和委员联名提出议题。

基层协商,是指乡镇、街道和行政村、社区围绕城乡社会治理、基层公

共事务、社会公益事业、涉及群众切身利益的实际问题,以及企事业单位围绕民主管理进行协商的民主形式。在实践中主要表现为民情恳谈会、民主恳谈会、民主理财会、民情直通车、便民服务窗、社区议事会、居民论坛、乡村论坛和民主听(议)证会等形式。从协商的议题来看,主要是本地城乡规划、工程项目、征地拆迁以及群众反映强烈的民生问题等。在实践中,要按照协商于民、协商为民的要求,建立健全基层协商民主,建设协调联动机制,及时组织有关方面开展协商,及时化解矛盾纠纷,更好解决人民群众的实际困难和问题。

四、认真做好人民团体协商,探索开展社会组织协商

人民团体协商,就是在党的领导下,以各类人民团体为主体,通过充分利用人民团体层级广泛、领域广阔的自上而下的组织体系搭建协商平台,平等公开地参与到国家大事的协商讨论中,参与到政府公共事务决策中,参与到利益相关的具体事件的解决中,以求最大限度地解决矛盾达成共识的一种协商形式。人民团体协商要围绕做好新形势下党的群众工作开展协商,一方面,建立完善人民团体参与各渠道协商的工作机制。对涉及群众切身利益的实际问题,有关部门要加强与相关人民团体协商。另一方面,组织引导群众开展协商。人民团体要健全直接联系群众工作机制,及时围绕涉及群众切身利益的问题开展协商,更好地发挥人民团体作为党和政府联系人民群众的桥梁和纽带作用。

社会组织协商,是指社会组织成员就组织的内部事务、不同社会组织之间就利益相关问题,以及社会组织与其他组织就公共议题或者涉及群众切身利益问题进行的理性协商。通过协商,社会组织可以将组织成员的利益诉求进行有效整合,并进行理性表达;也可以运用自己的专业知

识,将群众的诉求向决策部门进行反映,从而有助于将群众的意见纳入相关部门的决策程序中。在社会组织协商过程中,应坚持党的领导和政府依法管理,健全与相关社会组织联系的工作机制和沟通渠道,引导社会组织有序开展协商,更好地为社会服务。

第三节　依法治国是党领导人民
治理国家的基本方式

法治是治国理政的重要方式,是国家治理领域的一场深刻革命。党的十九届四中全会通过的《中共中央关于坚持和完善中国特色社会主义制度、推进国家治理体系和治理能力现代化若干重大问题的决定》指出,我国国家制度和国家治理体系具有"坚持全面依法治国,建设社会主义法治国家,切实保障社会公平正义和人民权利的显著优势"[①]。人民是全面依法治国的最深厚基础。全面依法治国各领域全过程,必须坚持公平正义的法治价值,坚持法治为民的核心理念,让人民群众在每一项法律制度、每一个执法决定、每一宗司法案件中都能感受到公平正义。

一、全面依法治国的显著优势与制度保障

中国特色社会主义法治植根于中华民族 5000 多年文明史所积淀的深厚历史文化传统,吸收借鉴了人类制度文明的有益成果,在实践中显示出巨大优势:

---

① 中共中央党史和文献研究室编:《十九大以来重要文献选编》(中),人民出版社 2021 年版,第 270 页。

　　一是坚持党的领导的优势。党的领导是中国特色社会主义制度的最大优势,也是中国特色社会主义法治的最大优势和最根本保证,是我国社会主义法治同西方资本主义国家的法治最大的区别。我国法治建设的快速发展,充分证明坚持党的领导是我国法治建设的优势之所在,是我国社会主义法治建设的一条基本经验。二是保证人民当家作主的优势。《中共中央关于党的百年奋斗重大成就和历史经验的决议》也指出,"全面依法治国最广泛、最深厚的基础是人民,必须把体现人民利益、反映人民意愿、维护人民权益、增进人民福祉落实到全面依法治国各领域全过程,保障和促进社会公平正义"。人民立场是党的根本政治立场,人民是依法治国的主体和力量源泉。失去人民拥护和支持,法治就会失去根基,法治建设就会失去方向。三是坚持顶层设计与先行先试相结合的优势。对我国这样一个大国,法治建设要坚持法治建设的统一领导和顶层设计,维护国家法制统一、尊严、权威,同时又要支持和鼓励各地方各领域依法先行先试,不断创新,积累经验并逐步上升统一的制度。

　　继续保持依法治国的优势,就需要以制度保障依法治国的持续发展。中国特色社会主义法治有丰富的内涵,由依法治国的理论、原则、制度和方法等组成。就制度层面而言,中国特色社会主义法治,集中体现在中国特色社会主义法治体系之中,并构成了我国法治建设的总抓手。

　　一是党对依法治国的领导机制。党的领导是社会主义法治最根本的保证,是推动我国社会主义法治建设的基本要求。党领导依法治国的制度机制,主要包括成立中央全面依法治国委员会,建立党对法治四大环节的领导制度和推动党中央决策部署贯彻落实的制度。二是完备的法律规范体系。法律是治国之重器,良法是善治之前提。建设中国特色社会主义法治,首先必须有完备的法律规范体系,集中体现在立法体制机制制度之中。三是高效的法治实施体系。法律的生命力在于实施，法律的权威也在于实施。该体系涵盖面广，涉及执法、司法、守法各个层面的制度和安排。四是严密的法治监督体系。对权力加以制约和监督，是依法治国的基本要求，要建立立法、执法、司法权力运行制约和监督机制。五是有力的法治保障体系。全面依法治国需要强有力的保障，包括党对全面依法治国领导的政治保障、组织和人才保障、科技信息保障、理论智库支持等。六是完善的党内法规体系。党内法规既是管党治党的重要依据，也是建设社会主义法治国家的重要保障。

二、坚持和完善中国特色社会主义全面依法治国体系

作为中国特色社会主义法治总抓手的中国特色社会主义法治体系需要在坚持中不断发展完善，这是坚持和发展中国特色社会主义的内在要求。"完备的法律规范体系、高效的法治实施体系、严密的法治监督体系、有力的法治保障体系，加快形成完善的党内法规体系"构成坚持和完善中国特色社会主义法治体系的具体目标。

加快形成完备的法律规范体系。法律是治国之重器、良法是善治之前提。当前我国一些法律规范仍然存在不协调、不适应、不好用的问题和该硬不硬、该严不严、该重不重的问题，法律规范体系还需要适应新时代的新要求，需要进一步健全完善。在推进国家治理体系和治理能力现代化的背景下，加快形成完备的法律规范体系必须不断提高立法效率，加快完善法律、行政法规、地方性法规体系，为全面依法治国提供基本依据。

加快形成高效的法治实施体系。法令行则国治，法令弛则国乱。习近平总书记指出："如果有了法律而不实施、束之高阁，或者实施不力、

做表面文章,那制定再多法律也无济于事。"①坚持和完善中国特色社会主义法治体系,重点和难点都是形成高效的法治实施体系。当前,法律执行和实施仍然是短板,一些执法司法机关不作为、乱作为、逐利违法、徇私枉法等问题仍然存在。这些问题应当成为厉行法治的发力点,确保法律法规全面有效实施,切实把我国法治优势转化为治国理政的政治优势和治理效能。

加快形成严密的法治监督体系。不受制约和监督的权力必然导致滥用和腐败。立法权、执法权、司法权是人民民主专政政权极其重要的权力。必须通过有效制约和监督,要抓紧完善立法、执法、司法权力运行制约和监督机制,加强党内监督、人大监督、民主监督、行政监督、司法监督、审计监督、社会监督和舆论监督制度建设,努力形成科学有效的权力运行制约和监督体系,增强监督合力和实效。

加快形成有力的法治保障体系。坚持和完善中国特色社会主义法治体系,加快形成有力的法治保障体系至关重要。要着力建设一支忠于党、忠于国家、忠于人民、忠于法律的社会主义法治工作队伍,为全面依法治国提供强有力的组织和人才保障。要全面建设"智慧法治",为全面依法治国提供科技和信息保障。要加强中国特色社会主义法治理论研究,建设一批高水平的法治研究基地,为全面依法治国提供理论和智库支撑。

加快形成完善的党内法规体系。党内法规既是管党治党的重要依据,也是建设社会主义法治国家的重要保障。依规治党深入党心,依法治国才能深入民心。要坚持党规党纪严于国家法律,注重党内法规同国家法律相衔接相协调,实现管党治党和治国理政相贯通,充分发挥依规治党对依法治国的引领和保障作用,全面提高依规治党和依法执政的能力和水平。

---

① 中共中央文献研究室编:《十八大以来重要文献选编》(中),中央文献出版社2016年版,第150页。

三、以从严治党保障国家治理

治国必先治党,治党务必从严。只有把党建好、管好、治好,人民才会衷心拥护党的领导,国家才能治理好。党的十九届四中全会审议通过的《中共中央关于坚持和完善中国特色社会主义制度、推进国家治理体系和治理能力现代化若干重大问题的决定》,把全面从严治党制度作为党的领导制度的重要组成部分,纳入中国特色社会主义制度和国家治理体系之中。

党的集中统一领导落实到改革发展稳定、内政外交国防、治党治国治军全部领域、所有过程、一切活动之中,有利于调节各方面关系,发展充满活力的政党关系、党政关系、政企关系、政社关系、民族关系、宗教关系、阶层关系、海内外同胞关系、干群关系、地区关系、军民关系等,有利于增强中国人民和中华民族的向心力、凝聚力,从根本上维护了国家安定团结、社会和谐稳定、人民安居乐业的政治局面,确保中国特色社会主义事业取得成功。

一是坚持全面从严治党一以贯之、坚定不移。勇于自我革命,从严管党治党,是我们党最鲜明的品格。针对一个时期腐蚀党员和干部、败坏党的风气的沉疴毒瘤,习近平总书记深刻指出,"症结就在于对作风问题的顽固性和反复性估计不足,缺乏常抓的韧劲、严抓的耐心,缺乏管长远、固根本的制度"①,党的十八大以来,以习近平同志为核心的党中央坚持依规治党与以德治党紧密结合,坚持思想建党和制度治党同向发力,坚持依法治国与制度治党、依规治党统筹推进,把管党治党创新成果转化为法规

---

① 中共中央文献研究室编:《十八大以来重要文献选编》(中),中央文献出版社2016年版,第99页。

制度,使党内法规体系不断健全,也为进一步完善管党治党制度打下了坚实基础。

二是坚持新时代党的建设总要求与新部署。习近平总书记在党的十九大报告中根据新的实践要求和时代特征,对新时代党的建设总要求作出新概括,完整系统地阐述了新时代党的建设的目的和根本原则、指导方针、布局和目标,使党的建设要求更加全面、布局更加完善、目标更加清晰,明确了新时代党的建设的基本遵循。

总之,制度的生命力在于执行。不长牙齿的制度就是"纸老虎""稻草人",有了制度没有严格执行,制度设计得再缜密,也会"法令滋彰,盗贼多有",产生"破窗效应"。习近平总书记指出,我们的制度体系还要完善,但当前最突出的问题在于很多制度没有得到严格执行。制度一经形成,就要严格遵守,坚持制度面前人人平等、执行制度没有例外,坚决维护制度的严肃性和权威性。

第四节　巩固爱国统一战线在
治国理政中的重要地位

统一战线是指中国共产党领导的、以工农联盟为基础的,"包括全体社会主义劳动者、社会主义事业建设者、拥护社会主义爱国者、拥护祖国统一和致力于中华民族伟大复兴爱国者的联盟"①。党的十八大以来,以习近平同志为核心的党中央把统一战线摆在治国理政重要位置,先后召开民族工作会议、统战工作会议、宗教工作会议等重要会议,制定统一战

---

① 中共中央文献研究室:《十八大以来的重要文献选编》(中),中央文献出版社 2016 年版,第 539 页。

线工作条例等重要文件,丰富和发展了中国共产党统一战线理论体系,全面回答了新时代需不需要统一战线、需要什么样的统一战线、怎样发挥统一战线法宝作用、怎样建设新时代统一战线等一系列问题。

一、坚持大统战工作格局

中国特色社会主义进入新时代,做好新形势下统战工作,要高举爱国主义、社会主义旗帜,牢牢把握大团结大联合的主题,必须正确处理一致性和多样性关系,不断巩固共同思想政治基础,同时要坚持大统战工作格局。

第一,在领导力量上,必须维护党中央的权威和集中统一领导,把中国共产党的领导体现在统一战线工作的各领域各方面,确保统战工作始终坚持正确的政治方向。第二,在工作对象上,要着眼于巩固和发展大陆范围内和大陆范围外两个范围的联盟,准确把握不断发展壮大的统战对象的特点,根据不同对象,确立差异化的统战策略,做好统战各方面成员的团结引导工作,充分发扬民主、尊重包容差异,尽可能通过耐心细致的工作找到最大公约数,画出最大同心圆。第三,在工作主体上,树立"一盘棋"意识,既要发挥统战部门了解情况、掌握政策、协调关系、安排人事、增进共识、加强团结等职能作用,又要充分发挥党政部门、人民团体、社会组织等方面的积极作用,形成全党重视、大家共同来做的良好局面。第四,在工作机制上,进一步建立健全统一战线各领域的政策体系和制度体系,提升各项工作的制度化规范化程序化水平,把大统战工作格局落到实处,把大统战工作效应发挥出来,为坚持和完善中国特色社会主义制度、推进国家治理体系和治理能力现代化作出积极贡献。

二、切实突出统一战线工作着力重点

统一战线要做好六个方面的工作,处理好五个方面的关系。从工作层面,主要有民主党派和无党派人士工作、党外知识分子工作、民族工作、宗教工作、非公有制经济领域统一战线工作、港澳台海外统一战线工作六个方面。统一战线的五大关系,即政党关系、民族关系、宗教关系、阶层关系、海内外同胞关系。这既是统一战线内部的基本关系,也是事关党和国家工作全局的重大政治社会关系。统一战线的本质要求是大团结大联合,解决的就是人心和力量问题。

(一)进一步做好民主党派工作,建立多党合作、和谐共存共荣的政党关系

坚持长期共存、互相监督、肝胆相照、荣辱与共,把中国共产党的先进性和民主党派的进步性有机统一起来,支持民主党派按照中国特色社会主义参政党要求更好履行职能,做自觉接受中国共产党领导、同中国共产党通力合作的亲密友党和好参谋、好帮手、好同事。

(二)贯彻党的民族政策,建立平等团结互助和谐的民族关系

新中国成立以来,中国共产党和中国政府确立并实施了以民族平等、民族团结、民族区域自治和各民族共同繁荣为基本内容的民族政策,形成了比较完备的民族政策体系。进入新时代,不断加强各民族交往交流交融,促进各民族像石榴籽一样紧紧抱在一起,巩固和发展平等团结互助和谐的社会主义民族关系,增进各族群众的认同,巩固了中华民族共同体的国家意识和中华民族意识。

（三）贯彻党的宗教工作基本方针，建立和谐的宗族关系

坚持和发展马克思主义宗教观，坚持我国宗教的中国化方向，全面贯彻党的宗教信仰自由政策，依法管理宗教事务，坚持独立自主自办原则，积极引导宗教与社会主义社会相适应。宗教工作的基本任务，是努力探索和掌握宗教现象的内在规律，不断提高宗教工作水平，把广大宗教界人士和信教群众团结到我们党的周围。依法管理宗教事务，坚持保护合法、制止非法、遏制极端、抵御渗透、打击犯罪，健全宗教事务管理法规和制度，防止宗教狂热、极端现象。

（四）做好非公有制经济人士、新的社会阶层人士、党外知识分子的工作，建立和谐的阶层关系

改革开放以来，我国社会结构发生重大变化，阶层分化越来越多元，出现了非公有制经济人士和新的社会阶层人士，党外知识分子的范围也不断扩大，既包括体制内的无党派知识分子，也包括体制外的自由择业知识分子和海外归国留学人员。

（五）广泛团结联系港澳台同胞、海外侨胞和归侨侨眷，建立和谐的海内外关系

巩固壮大港澳台海外爱国力量，推进全体中华儿女的大团结大联合。新时代，要适应新形势，切实做好港澳工作、对台工作、侨务工作，贯彻执行中央对台工作大政方针，完善促进两岸交流合作、深化两岸融合发展、保障台湾同胞福祉的制度安排和政策措施，坚定推进祖国和平统一进程；把握凝聚侨心侨力同圆共享中国梦这一新时代侨务工作主题，建立健全团结引导广大海外侨胞和归侨侨眷的工作机制，发挥其积极作用。

三、发挥政协的作用，建设党外代表人士队伍

在大统战格局中，人民政协代表性之强、团结面之宽、覆盖面之广，是其他政治组织和社会组织无法比拟的。人民政协应该坚持统战是第一功能，团结是第一主题，在新时代统一战线工作中发挥人民政协的积极作用。一是多党合作方面，加强对各党派参加人民政协共同性事务的协商，通过联合调研、共同举办协商活动等方式，为民主党派和无党派人士在政协更好发挥作用创造条件。二是积极主动地邀请党外知识分子、非公有制经济人士特别是年青一代、新社会阶层人士，以及留学人员、新媒体中的代表性人士等，参加政协活动。三是发挥各界别政协委员在党和国家事业中的积极性和主动性。

2019 年，中共中央印发《民主党派代表人士队伍建设规划（2018—2027）》培养使用党外代表人士，是我们党的一贯政策。要加大党外代表人士培养、选拔、使用工作力度，努力培养造就一支自觉接受中国共产党领导、坚定不移地走中国特色社会主义道路、具有较强代表性和参政议政能力的党外代表人士队伍。党外代表人士工作的重点是科学使用、发挥作用，关键是加强培养、提高素质。要引导党外优秀人才自觉学习中国特色社会主义理论，自觉践行社会主义核心价值观，自觉弘扬中华传统美德。

第四章　坚持发展为了人民的
社会主义基本经济制度

　　党的十九届四中全会审议通过的《中共中央关于坚持和完善中国特色社会主义制度、推进国家治理体系和治理能力现代化若干重大问题的决定》指出："公有制为主体、多种所有制经济共同发展，按劳分配为主体、多种分配方式并存，社会主义市场经济体制等社会主义基本经济制度，既体现了社会主义制度优越性，又同我国社会主义初级阶段社会生产力发展水平相适应，是党和人民的伟大创造。"这一重要论断，是对社会主义基本经济制度作出的新概括，是习近平新时代中国特色社会主义经济思想的重要创新，是党和人民的伟大创造。

第一节　社会主义基本经济制度的
确立是党和人民的伟大创造

　　基本经济制度是经济制度体系中具有长期性和稳定性的部分，对经济制度属性和经济发展方式具有决定性影响。党的十九届四中全会将公有制为主体、多种所有制经济共同发展，按劳分配为主体、多种分配方式并存，社会主义市场经济体制等作为社会主义基本经济制度，这是对社会主义基本经济制度内涵作出的重要发展和深化,标志着我国社会主义基本经济制度更加成熟、更加定型。

一、社会主义基本经济制度的确立是不断探索的实践历程

"社会主义基本经济制度"作为一个明确概念最早在党的十五大报告中提出,报告指出"公有制为主体、多种所有制经济共同发展,是我国社会主义初级阶段的一项基本经济制度"。而基本经济制度从雏形到基本确立,并非一蹴而就,而是经历了不断调整、逐步完善的过程。

新中国成立后,在计划经济时代,基本经济制度即公有制的所有制与按劳分配的分配制度。在 1954 年我国首部宪法中,规定全民所有制的国有经济是国民经济中的领导力量,建立生产资料的社会主义公有制,即包括全民所有制和劳动群众集体所有制在内的基本经济制度。同时规定保护个体劳动者的生产资料所有权并按自愿原则组织合作社。这是社会主义基本经济制度的确立起点,构成了我国基本经济制度的雏形。1975 年我国第二部宪法中,规定全民所有制的国有经济是国民经济中的领导力量,同时允许非剥削性的个体劳动,并提出社会主义集体化道路的引导方向。

党的十一届三中全会将社员自留地、家庭副业和集市贸易作为社会主义经济的"必要补充部分",并提出公有制企业可以合作、合资。党的十二大针对我国经济发展情况,提出多种经济形式同时并存的需要,并提出个体经济在合法合规范围内可以作为公有制经济的必要和有益的补充。党的十二届三中全会上,首次提出不同所有制经济可以实现共同发展,并提出多种经济形式和经营方式的小型全民所有制企业发展理论。党的十三大强调发展全民所有制与集体所有制的同时,提出允许存在雇

佣劳动关系的私营经济成为社会主义经济的补充。党的十四大提出个体经济、私营经济、外资经济为全民所有制和集体所有制经济的补充。党的十五大正式提出基本经济制度理论,提出坚持和完善社会主义公有制为主体、多种所有制经济共同发展的基本经济制度。党的十六大进一步提出确立劳动力、资本、技术和管理等生产要素贡献参与分配等原则。党的十九届四中全会丰富了社会主义基本经济制度的内涵,对分配制度、生产要素构成等进行了更详细的规定。

社会主义基本经济制度的确立过程,也是与我国经济建设动态协调的过程。公有制经济形式不断多样化,国有经济布局得到优化,混合所有制经济持续发展。非公有制经济从无到有,成为国家税收重要来源、技术创新重要发源地、金融健康发展重要载体,对支撑我国经济健康持续发展有着不可替代的作用。按要素分配的机制极大地调动了各行业生产积极性,不断增加着经济增长点,促进了生产力的解放和发展。社会主义基本经济制度的确立过程,不仅是在制度上的屡次突破和创新,同时也见证着我国经济蓬勃发展的整个历史进程。

二、社会主义基本经济制度的科学内涵

党的十九届四中全会对社会主义基本经济制度的内涵进行了新的规定,即"公有制为主体、多种所有制经济共同发展,按劳分配为主体、多种分配方式并存,社会主义市场经济体制等社会主义基本经济制度",涵盖了所有制、分配制度与运行机制三大部分。

公有制为主体、多种所有制经济共同发展的所有制,是经济制度的基础,由我国社会主义社会性质所决定,同时规定了社会基本性质。毫不动摇巩固公有制经济,搞活国有经济,提升国有经济创造力、影响力、竞争

力,对巩固我国社会主义经济基础,保障国有经济基本稳定,促进国民经济稳健增长有着决定性作用。同时,非公有制经济具有重要补充作用。个体经济、私营经济、外资经济等的健康发展,可以有效激发市场主体活力和创造力。公有制经济可以提供公共产品,维护社会公众利益,非公有制经济则侧重提供个别不同领域的各类产品和服务,更加及时地发现和满足人民群众的生活需要。

按劳分配是社会主义基本分配原则,以劳动数量和质量为依据分配收入,按生产要素分配是生产要素所有权在经济上的实现,劳动力、资本、土地、知识、技术、管理、数据等生产要素按贡献决定报酬。完善分配制度的同时,税收、社会保障、转移支付等在分配调节机制也不断改善,第三次分配更加促进效率公平。将生产要素纳入分配体系,按贡献决定报酬,极大地增强了我国经济活力。例如,大数据等高科技行业的发展,不仅提高了我国国民的生活便利度,同时提升了我国在科技成果产出的效率,也提高了我国在科技领域的国际竞争力和话语权。

社会主义市场经济体制是中国特色社会主义的创举,是中国共产党将社会主义经济的特殊规律和社会主义制度相结合的成果。构建有效市场机制,提升微观主体活力,形成宏观调控高效的市场运行机制,能够实现生产要素更高效流动,价格反应机制更加合理变动,竞争环境有序健康发展,从而形成市场作用和政府作用有机统一,相互补充、相互促进的良性循环。

公有制为主体、多种所有制经济共同发展的所有制,按劳分配为主体、多种分配方式并存的分配制度,社会主义市场经济体制的运行机制,三者相互补充,形成结构严谨的运行体系。按照马克思主义政治经济学基本原理,生产、分配、交换等环节是一个统一体,生产居于支配地位,决定分配与交换等基本形式,分配与交换的一定形式会促进或阻碍生产发展。社会主义基本经济制度是与我国社会主义初级阶段基本国情相适应的经济制度。改革开放以来,我国社会、人民和中国共产党的面貌发生了极大的改变,经济总量和经济增速获得前所未有的增长,人民生活水平得到了极大的提高,社会基本矛盾转化为人民对美好生活的向往和发展不平衡之间的矛盾,而这些都没有改变我国仍旧处于社会主义初级阶段的事实。同时我国仍然是世界最大发展中国家。只有牢牢把握社会主义初级阶段这个基本国情,立足社会主义初级阶段这个最大实际,才能稳健推进包括基本经济制度在内的各项制度的建立和不断完善。

三、社会主义基本经济制度的重要意义

社会主义基本经济制度是我国处于社会主义初级阶段必须长期坚持的基本经济制度。既有利于发挥公有制经济在保障人民共同利益、增进民生福祉、巩固完善社会主义制度以及在关系国家安全、国民经济命脉和国计民生的重要行业和关键领域的主体作用,又有利于发挥非公有制经济在稳定经济增长、提升整体经济体活力、推动产业和科技创新、增加国民就业、改善民生等方面的重要作用,从而推动各种所有制取长补短、相互促进、共同发展,形成推动高质量发展的强大合力。

社会主义基本经济制度在调动广大劳动者的积极性、主动性、创造性方面发挥了重大作用。既能够使全体人民共享改革发展成果,实现共同富裕,又有利于调动各经济主体的积极性,让劳动力、知识、技术、管理和资本的活力竞相迸发,让各行各业创造社会财富的源泉充分涌流,实现各尽所能、各得其所,使各种资源都能得到充分有效利用;既有利于发挥市场在资源配置中的决定性作用,发挥市场机制信息反应迅速、激励机制灵活、调节体系灵活、资源流动平等开放的优势,增强经济发展的活力和效

率,又有利于发挥党总揽全局、协调各方的领导核心作用,发挥政府在健全宏观调控、加强市场监管、优化公共服务、保障公平正义、保护生态环境、维护国家安全、促进共同富裕方面的主导作用。

社会主义基本经济制度对国家治理体系建设具有重要作用。当今世界正值百年未有之大变局,人民对美好生活的向往就是我们党的奋斗目标,因此在前进道路上应对各种风险挑战,必须在坚持和完善中国特色社会主义制度、推进国家治理体系和治理能力现代化上下更大功夫。经济基础决定上层建筑,经济体制的建设和改革对其他方面的改革具有重要影响和作用,重大经济体制改革则决定其他很多方面的改革,更是应当慎之又慎。社会主义基本经济制度的不断完善,同时是推进改革开放的重要方面,不断优化市场在资源配置中的作用,同时协调政治、文化、社会、生态文明和党的建设各方面稳定发展。社会主义基本经济制度的不断完善,对推进国家治理体系和治理能力现代化有着深刻影响,是确保党和国家事业蓬勃发展的重要基础。

社会主义基本经济制度的完善植根于人民立场,来源于人民智慧。发展为了人民、发展依靠人民、发展成果由人民共享,是社会主义经济的内在活力。尊重人民的首创精神,发现人民生活中不断产生的新需要,解决社会生产中不断出现的新问题,是推进社会经济改革和发展的方向标杆。在新时代坚持和完善社会主义基本经济制度,不断解放和发展生产力,在更广泛的行业中、更深刻的体制内发挥社会主义制度的优越性,有利于更好满足人民对美好生活的向往,更高效地平衡发展格局、提高发展质量。

社会主义基本经济制度回答了我们党对什么是社会主义、如何建设社会主义的认识问题。社会主义基本经济制度能够兼顾长远和当前、整体和个人、效率和公平、自由和秩序、自主和开放。社会主义制度的优越性和市场经济的长处、集中力量办大事的优势和人民群众的首创精神得到最大限度发挥，有效避免资本主义市场经济中存在的两极分化、阶级对立、资本垄断、对外掠夺、危机频发等弊端，为生产力持续发展和社会全面进步开创了前所未有的广阔前景。

第二节　坚持和完善公有制为主体、多种所有制经济共同发展

所有制问题是马克思主义政治经济学的基本理论问题，也是中国特色社会主义经济实践的重大实践问题。公有制为主体、多种所有制经济共同发展的所有制结构是中国特色社会主义基本经济制度的重要支柱，规定了中国经济发展的社会主义方向，体现了鲜明的中国特色，具有独特的制度优势，有效地激发了各个市场主体和各种生产要素的积极性。

一、公有制为主体、多种所有制经济共同发展所有制结构的形成与完善

公有制为主体、多种所有制经济共同发展的所有制结构肇始于对外资的引进和民营经济、个体经济的内部培育，其形成的动力则在于中国特色社会主义市场经济体制改革目标的确立。1984 年 10 月，党的十二届三中全会通过的《中共中央关于经济体制改革的决定》提出社会主义经济是在公有制基础上的有计划的商品经济，公有制基础上的个体经济不同于与资本主义私有制相联系的个体经济，正式确认了个体经济的合法性和发展多种经济形式的必要性，"我国现在的个体经济是和社会主义

公有制相联系的,不同于和资本主义私有制相联系的个体经济,它对于发展社会生产、方便人民生活、扩大劳动就业具有不可代替的作用,是社会主义经济必要的有益的补充,是从属于社会主义经济的。"党的十四大在此基础上明确,"以公有制包括全民所有制和集体所有制经济为主体,个体经济、私营经济、外资经济为补充,多种经济成分长期共同发展"。党的十四届三中全会对公有制为主体进行了两个方面的界定,"公有制的主体地位主要体现在国家和集体所有的资产在社会总资产中占优势,国有经济控制国民经济命脉及其对经济发展的主导作用等方面",这就为在保持公有制占优势、起主导作用的前提下发展非公有制经济奠定了理论和政策依据。党的十四届五中全会将非公有制经济的地位由社会主义经济的"补充"上升为"必要补充"。党的十五大报告把"公有制为主体、多种所有制经济共同发展"界定为社会主义基本经济制度,将非公有制经济的地位提升为"社会主义市场经济的重要组成部分"。党的十五届五中全会阐释了所有制结构多样性的学理基础——我国社会主义初级阶段社会生产力水平具有多层次性。此后,实施了"抓大放小"的国有企业改革战略,在做大做强关键性的和大型的国有企业的基础上,放开搞活一般性生产竞争领域里的国有企业,这实际上为民营经济成长发展开辟了更大的市场空间。党的十六大提出"两个必须毫不动摇",即必须毫不动摇巩固和发展公有制经济,发展壮大国有经济;必须毫不动摇鼓励、支持、引导非公有制经济发展。此后,党和国家分别从产权制度改革、建立现代产权制度、放宽非公有制经济的市场准入、赋予非公有制经济与公有制经济平等的竞争地位、建设支持非公有制经济发展相关的配套制度方面,着力鼓励、支持、引导非公有制经济发展。

党的十八大以来,党和国家立足于新时代转变了的社会主要矛盾进一步坚持和完善以公有制为主体、多种所有制经济共同发展的所有制结构。党的十八大要求"保证各种所有制经济依法平等使用生产要素、公平参与市场竞争、同等受到法律保护"。这就从法律层面确认了不同所有制经济的公平竞争地位。党的十八届三中全会对不同所有制经济的公平竞争地位进一步强调，指出"公有制经济和非公有制经济都是社会主义市场经济的重要组成部分，都是我国经济社会发展的重要基础"，同时明确混合所有制是中国特色社会主义基本经济制度的重要实现形式，并提出要"积极发展混合所有制经济"。党的十九大阐释了新时代坚持和发展中国特色社会主义的基本方略，其中之一就是"两个毫不动摇"。这就说明，坚持和完善公有制为主体、多种所有制经济共同发展的所有制结构是贯穿新时代中国特色社会主义经济建设的方针政策，必须在深刻理解的基础上认真落实。

二、公有制为主体、多种所有制经济共同发展的所有制结构所具有的独特优势

为何坚持和完善公有制为主体、多种所有制经济共同发展的所有制结构如此重要呢？因此它与我国社会主义初级阶段的国情相符合，与当前我国多层次、不充分发展的生产力水平相适应；因为它是我国社会主义市场经济体制的基础，也决定着按劳分配为主体、多种分配方式并存分配结构的效能；因为只有在它的基础上，才能够处理好效率与公平的关系，才能在实现追赶式发展的同时，避免收入分配差距扩大的顽疾。坚持和完善公有制为主体、多种所有制经济共同发展的所有制结构在理论依据层面可以进行以下概括。

其一，与当前我国的生产力水平相适应，能够促进生产力发展。马克思在《资本论》中对资本主义生产方式进行了全面的检视，一方面肯定了

资本促进生产力发展的作用,另一方面得出在同一过程中萌发着否定资本因素的结论。在此基础上,马克思在《哥达纲领批判》中描绘了未来共产主义社会私有制消亡、公有制萌生的前景。需要说明的是,马克思这里所说的共产主义社会是发达资本主义发展到顶峰后通过社会主义革命建立起来的社会经济形态,是旧的生产关系容纳的全部生产力发挥完毕的自然结果。世界共产主义运动的实际进程与马克思设想的不同,社会主义制度首先在生产力相对落后的国家产生,社会主义是在资本主义因素薄弱的国家首先成为现实。社会历史的现实复杂性决定了社会主义存在一个不可跨越的初级阶段。从生产力与生产关系的角度可以看出,社会主义初级阶段的突出矛盾是先进生产关系与相对落后的生产力之间的矛盾,以公有制为主体、多种所有制经济共同发展的所有制结构能够适应这个阶段的生产力,能够促进生产力的发展。

其二,奠定了社会主义市场经济体制的基础,既能够体现社会主义的优越性,又能够实现市场经济配置资源的效率,同时激发了公有制经济和非公有制经济发展的积极性。首先,公有制为主体规定了中国特色社会主义经济的本质是社会主义;发展方向是建设社会主义、逐步过渡到共产主义;发展原则是统筹做大"蛋糕"和分好"蛋糕"的关系,用高质量的发展促进共同富裕,用共同富裕激发高质量发展的积极性;发展理念是创新、协调、开放、绿色、共享新发展理念,要实现创新驱动、结构协调、内外联动、绿色生态、共建共享的新发展。其次,公有制为主体使国有企业特别是中央企业有力地维护了我国国防、能源资源、粮食和重要基础设施安全,推动国家区域重大战略和区域协调发展战略深入实施,服务社会保障民生重要作用充分彰显,在脱贫攻坚战、新冠肺炎防疫战中发挥重要作用。例如,在脱贫攻坚战中,国资央企定点帮扶了248个国家扶贫开发工作重点县,承担了1.2万个各类扶贫点任务;大力开展通信扶贫,累计投入超过 2000 亿元,使贫困村通光纤、通 4G 均超过 98%;累计在贫困地区投入医疗帮扶资金 22 亿元,援建(捐建)医院、乡村卫生所 2600 多所;累计援建产业扶贫项目 5 万多个,扶持乡村龙头企业和农村合作社 1.2 万个,引进扶贫企业 2400 多家,带动投资 200 多亿元;累计投入教育帮扶资金 54 亿元,援建学校 2400 多所,资助贫困学生 110 多万名。最后,非公有制经济共同发展使民营企业规模持续扩大,成为中国经济微观基础主体。至 2018 年年底私营企业已达 3474.2 万户、个体工商户 7328.6 万户,占据市场主体比重的 95% 以上。与之相适应,民营经济在税收份额、技术创新成果贡献、带动城镇劳动就业等方面也作出了巨大贡献。此外,民营企业家日益重视承担社会责任。在脱贫攻坚战中,截至 2020 年 11 月底,进入"万企帮万村"精准扶贫行动台账管理的民营企业有 12.3 万家,精准帮扶 13.72 万个村(其中建档立卡贫困村 7.28 万个),共带动和惠及 1779.03 万建档立卡贫困人口。在疫情防控中,截至 2020 年 4 月 14 日,全国共有 110589 家民营企业通过捐款捐物、设立基金等方式支持疫情防控,其中捐款 172.22 亿元,捐物价值 119.27 亿元,设立基金 61.81 亿元。在稳就业保民生工作中,民营企业"主渠道"作用凸显,2019 年民营企业吸纳了 70% 以上的农村转移劳动力,提供了 80% 的城镇就业岗位、90% 的新增就业,是城镇就业的重要保障。在推动共同富裕方面,民营企业 2019 年捐赠 475.12 亿元,慈善捐赠能力和意愿持续提升,是我国慈善捐赠的主力。

其三,决定了我国以按劳分配为主体、多种分配方式并存的分配结构,有利于扎实推动共同富裕,促进人的自由全面发展。马克思在《资本论》中批判了古典经济学将生产过程割裂为生产、分配、交换(流通)和消费四个环节的分析方法,强调了四个环节间的相互联系,指出生产资料的分配属于生产的范畴,生产方式决定分配方式,两者是同一个过程的两面。在中国特色社会主义市场经济中，公有制为主体、多种所有制经济共同发展的所有制结构决定了必然要采取与之相对应的以按劳分配为主体、多种分配方式并存的分配结构。以按劳分配为主体强调分配的公平性，多种分配方式并存激发了各生产要素的积极性，既能够把物质基础打好，又利于人民共享发展成果，扎实推动共同富裕，促进人的自由全面发展。

三、公有制经济与非公有制经济间呈现的相互补充、彼此促进的共荣关系

坚持和完善公有制为主体、多种所有制经济共同发展的所有制结构不仅是因为在理论上立得住，更是因为它是我国改革开放 40 多年的宝贵经验，是已经被实践所证实了的道理。坚持和完善公有制为主体、多种所有制经济共同发展的所有制结构在现实效能层面主要表现为公有制经济与非公有制经济间呈现的相互补充、彼此促进的共荣关系。

其一，就产业分布而言，两者在产业链上下游呈垂直结构，这是当前阶段我国经济现状最鲜明、最重要的特征，也是理解我国不同所有制间的相互关系、区域分布规律、行业分布规律、科技创新差别、社会责任区别等方面情况的一把"钥匙"。其二，就相互关系而言，两者表现为协同竞争。公有制经济与非公有制经济在产业分布上的垂直结构使国有企业与民营企业形成高度互补的社会分工，上游国有企业为下游产业提供生产资料，下游民营企业对上游产业产生引致需求。通过产业链的纵向关联，上下游各类所有制企业形成协同竞争的互动关系。这种协同效应产生的巨大生产能力与强劲的国内外需求之间产生良性互动，促进上下游产业形成正向循环，使各类所有制企业都获得共同发展。其三，就经济规模而言，两者共同增长。2019 年国有资本所有者权益总额为 691681.2

亿元,在 10 年间增长了约 3.5 倍;国有资本经营决算收入总额为 3971.82 亿元,在不到 10 年的时间增长了一倍多。中央企业上市公司 394 家,地方国企上市公司 757 家,国有上市公司数量占整个上市公司总数的 28%。改革开放 40 多年来,我国非公有制经济从小到大、从弱到强,不断发展壮大。以私营企业为例,2020 年私营控股工业企业单位数为 286430 个,相比 1998 年增长了 25.8 倍;资产总计 345022.8 亿元,相比 1998 年增长了 231 倍;营业收入 413564 亿元,相比 1998 年增长了 223 倍;利润总额 23800.5 亿元,相比 1998 年增长了 352.6 倍;平均用工人数 3574.4 万人,相比 1998 年增长了 21.2 倍。其四,就科技创新而言,两者各有所长。公有制经济承担着基础理论、前沿技术、战略性产业的创新任务,在科技创新中的关键性、重大性和战略性作用凸显;非公有制经济则承担着商品多样化、产业多层化、业态多元化的创新任务,具有创新成果多、创新动态化及时化等特点。其五,就社会责任而言,两者和而不同。公有制经济是中国共产党执政的经济基础,是壮大国家综合实力、保障人民共同利益的重要力量。非公有制经济是中国特色社会主义市场经济的重要组成部分,在经济社会领域也发挥着不可或缺的重要作用,积极承担社会责任,对中国经济社会贡献日益提高。

第三节　坚持按劳分配为主体、多种分配方式并存

收入分配制度是经济社会发展中一项带有根本性、基础性的制度安排,是社会主义基本经济制度的重要组成部分。改革开放以来,我国收入分配制度改革不断推进,与基本国情、发展阶段相适应的收入分配制度基

本建立。同时，收入分配领域仍存在一些亟待解决的突出问题，城乡区域发展和收入分配差距依然较大，收入分配秩序不规范，隐性收入、非法收入问题比较突出，部分群众生活比较困难。当前，我国即将开启全面建设社会主义现代化国家的新征程，按照党的十九大提出的促进收入分配更合理、更有序的战略部署，要有针对性地完善相关制度和政策，坚持和完善社会主义分配制度，为国家治理现代化奠定扎实基础。

一、完善初次分配制度

初次分配是指国民总收入直接与生产要素相联系的分配。任何生产活动都离不开劳动力、资本、土地和技术等生产要素，在市场经济条件下，取得这些要素必须支付一定的货币，这种货币报酬形成了各要素提供者的初次分配收入。我国分配制度可以简要概括为两句话：一是按劳分配为主体，多种分配方式并存；二是生产要素按贡献参与分配。两句话都是指"初次分配"，概括了初次分配的两个核心机制：一是劳动报酬取得机制；二是生产要素报酬机制。这样就产生了不同生产要素之间、不同劳动报酬之间两个属性不同的层面，共同形成了我国现阶段的初次收入分配格局。一是不同生产要素的分配关系及其改善。在市场经济条件下，劳动力本来就是最重要的生产要素，生产要素分配关系，要点在于劳动报酬和其他生产要素在初次分配中的关系，包括劳动力、资本、土地、资源等要素之间的分配关系。当前所指"劳动报酬在初次分配中比重"偏低，是指劳动报酬相对于其他生产要素在总量中的比重偏低，它所必然对应的另一面是，其他生产要素比重走高造成了劳动报酬比重走低。改善这个比重关系，就需要研究各生产要素的关系。目前初次分配是由国家统计数据中"地区生产总值收入法构成项目"计算的，该组数据包括了初次分配中的四项构成:劳动者报酬、生产税净额、固定资产折旧、企业盈余。这容易使人理解为劳动报酬比重偏低就等于劳资关系失衡,但从四项构成的复杂性和生产要素构成变化及原因看,劳动者报酬比重偏低所对应的其他要素比重偏高具有复杂性,不能简单归为劳动和资本的关系。因此,提高劳动者报酬占比,不是单靠提高劳动者报酬就可以解决的,而是要同时能够使劳动报酬之外的其他构成要素占比下降才可以有效。二是不同劳动报酬之间的关系及其调整。提高劳动报酬在初次分配中的比重,无疑对促进消费和共同富裕有重要作用,对改善国民收入格局是必需的,但并不必然能够遏制收入差距过大,更重要的还在于调节劳动报酬内部的结构。第一,直接提高明显低端的劳动者报酬。要首先重视农民工的待遇,最终消化最大的一块收入分配差距。还应当加快事业单位绩效工资制度的改革,提高教师、科研、医生等专业技术人员的工资水平。在此基础上,各行业都要逐步建立正常的工资增长机制,合理调控行业差距,破除垄断、控制垄断行业的高收入,规范高收入的取得。

一是完善劳动力、资本、技术、管理、数据等要素按贡献参与分配的初次分配机制。实施就业优先战略和更加积极的就业政策,扩大就业创业规模,创造平等就业环境,提升劳动者获取收入能力,实现更高质量的就业。深化工资制度改革,完善企业、机关、事业单位工资决定和增长机制。推动各种所有制经济依法平等使用生产要素、公平参与市场竞争、同等受到法律保护,形成主要由市场决定生产要素价格的机制。

二是促进就业机会公平。大力支持服务业、劳动密集型企业、小型微型企业和创新型科技企业发展,创造更多就业岗位。完善税费减免和公益性岗位、岗位培训、社会保险、技能鉴定补贴等政策,促进以高校毕业生为重点的青年、农村转移劳动力、城镇困难人员、退役军人就业。完善和落实小额担保贷款、财政贴息等鼓励自主创业政策。借鉴推广公务员招考的办法,完善和落实事业单位公开招聘制度,在国有企业全面推行分级分类的公开招聘制度,切实做到信息公开、过程公开、结果公开。

三是提高劳动者职业技能。健全面向全体劳动者的职业培训制度,足额提取并合理使用企业职工教育培训经费,保障职工带薪最短培训时间。新增财政教育投入向职业教育倾斜,逐步实行中等职业教育免费制度。建立健全向农民工免费提供职业教育和技能培训制度。完善社会化职业技能培训、考核、鉴定、认证体系,规范职业技能鉴定收费标准,提高技能人才经济待遇和社会地位。

四是促进中低收入职工工资合理增长。建立反映劳动力市场供求关系和企业经济效益的工资决定及正常增长机制。完善工资指导线制度,建立统一规范的企业薪酬调查和信息发布制度。根据经济发展、物价变动等因素,适时调整最低工资标准,到2015年绝大多数地区最低工资标准达到当地城镇从业人员平均工资的40%以上。研究发布部分行业最低工资标准。以非公有制企业为重点,积极稳妥推行工资集体协商和行业性、区域性工资集体协商,到2015年,集体合同签订率达到80%,逐步解决一些行业企业职工工资过低的问题。落实新修订的劳动合同法,研究出台劳务派遣规定等配套规章,严格规范劳务派遣用工行为,依法保障被派遣劳动者的同工同酬权利。

五是加强国有企业高管薪酬管理。对部分过高收入行业的国有及国有控股企业,严格实行企业工资总额和工资水平双重调控政策,逐步缩小行业工资收入差距。建立与企业领导人分类管理相适应、选任方式相匹配的企业高管人员差异化薪酬分配制度,综合考虑当期业绩和持续发展,建立健全根据经营管理绩效、风险和责任确定薪酬的制度,对行政任命的国有企业高管人员薪酬水平实行限高,推广薪酬延期支付和追索扣回制度。缩小国有企业内部分配差距,高管人员薪酬增幅应低于企业职工平均工资增幅。对非国有金融企业和上市公司高管薪酬,通过完善公司治理结构,增强董事会、薪酬委员会和股东大会在抑制畸高薪酬方面的作用。

六是完善机关事业单位工资制度。建立公务员和企业相当人员工资水平调查比较制度,完善科学合理的职务与职级并行制度,适当提高基层公务员工资水平;调整优化工资结构,降低津贴补贴所占比例,提高基本工资占比;提高艰苦边远地区津贴标准,抓紧研究地区附加津贴实施方案。结合分类推进事业单位改革,建立健全符合事业单位特点、体现岗位绩效和分级分类管理的工资分配制度。

七是健全技术要素参与分配机制。建立健全以实际贡献为评价标准的科技创新人才薪酬制度,鼓励企事业单位对紧缺急需的高层次、高技能人才实行协议工资、项目工资等。加强知识产权保护,完善有利于科技成果转移转化的分配政策,探索建立科技成果入股、岗位分红权激励等多种分配办法,保障技术成果在分配中的应得份额。完善高层次、高技能人才特殊津贴制度。允许和鼓励品牌、创意等参与收入分配。

八是多渠道增加居民财产性收入。加快发展多层次资本市场,落实上市公司分红制度,强化监管措施,保护投资者特别是中小投资者合法权益。推进利率市场化改革,适度扩大存贷款利率浮动范围,保护存款人权益。严格规范银行收费行为。丰富债券基金、货币基金等基金产品。支持有条件的企业实施员工持股计划。拓宽居民租金、股息、红利等增收渠道。

九是建立健全国有资本收益分享机制。全面建立覆盖全部国有企业、分级管理的国有资本经营预算和收益分享制度,合理分配和使用国有资本收益,扩大国有资本收益上交范围。适当提高中央企业国有资本收益上交比例,"十二五"期间在现有比例上再提高5个百分点左右,新增部分的一定比例用于社会保障等民生支出。

十是完善公共资源占用及其收益分配机制。建立健全资源有偿使用制度和生态环境补偿机制。完善公开公平公正的国有土地、海域、森林、矿产、水等公共资源出让机制，加强对自然垄断行业的监管，防止通过不正当手段无偿或低价占有和使用公共资源。建立健全公共资源出让收益全民共享机制，出让收益主要用于公共服务支出。

二、健全再分配调节机制

再分配，是国民收入继初次分配之后在整个社会范围内进行的分配，是指国家的各级政府以社会管理者的身份通过财政税收等手段，通过社会福利、保险、医疗等方面提供给公民的保障。国家再分配方式主要有两种：一是政府相关部门在充分调研和掌握第一手资料的基础上，运用高科技和大数据为广大民众提供普遍的、公平的、高质量的公共服务，并通过税收、转移支付等财税机制将部分劳动剩余直接转移到低收入者手中，从而抑制、避免或弥补由市场机制负效应所带来的巨大民生代价；二是通过政府产业基金项目等市场运作形式，将财政资金的一部分用于发展特色产业和新兴产业，所得利润用于改善民生。例如，以政府财政资金和国有资本为主体、以社会资本为重要组成的政府产业发展基金，被广泛投入资源匮乏地区产业扶贫领域并取得预期效果。在这里，政府不是将财政资金直接转移支付到低收入者手中，而是将其通过市场运作形成产业利润并按法定或约定比例分配给他们，因而是一种间接分配方式。

健全再分配调节机制，重点是健全以税收、社会保障、转移支付等为主要手段的再分配调节机制，合理调节城乡、区域、不同群体间分配关系。一是要强化税收调节。改革个人所得税，完善财产税，推进结构性减税，减轻中低收入者和小型微型企业税费负担,形成有利于结构优化、社会公平的税收制度。加强个人所得税调节,完善高收入者个人所得税的征收、管理和处罚措施,将各项收入全部纳入征收范围,依法做到应收尽收。改革完善房地产税等。完善房产保有、交易等环节税收制度,加强存量房交易税收征管。扩大资源税征收范围,提高资源税税负水平。完善直接税制度并逐步提高其比重。二是完善覆盖城乡居民的社会保障体系。坚持应保尽保原则,健全统筹城乡、可持续的基本养老保险制度、基本医疗保险制度,稳步提高保障水平。统筹完善社会救助、社会福利、优抚安置等制度。健全退役军人工作体系和保障制度。坚持和完善促进男女平等、妇女全面发展的制度机制。加强对困难群体救助和帮扶,完善农村留守儿童和妇女、老年人关爱服务体系,健全残疾人帮扶制度。加快建立多主体供给、多渠道保障、租购并举的住房制度。三是完善转移支付制度。健全公共财政体系,调整财政支出结构,大力推进基本公共服务均等化。集中更多财力用于保障和改善民生。加大对教育、就业、社会保障、医疗卫生、保障性住房、扶贫开发等方面的支出,进一步加大对中西部地区特别是革命老区、民族地区、边疆地区等财力支持。加大促进教育公平力度,合理配置教育资源,重点向农村、边远、民族地区倾斜。

三、发挥好第三次分配作用

第三次分配是在道德、文化、习惯等影响下,社会力量自愿通过民间捐赠、慈善事业、志愿行动等方式济困扶弱的行为,是对再分配的有益补充。从组织的角度来看,第三次分配的主体是公益慈善机构,相对于市场和政府,公益慈善机构具有特殊作用,它既不以市场营利为目标,也不具有政府的管制作用,但是其公益性质使其带有浓厚的公益和道德色彩。

随着我国经济发展和社会文明程度提高,全社会公益慈善意识日渐增强,要重视发挥第三次分配作用,发展慈善等社会公益事业。

一是大力弘扬中华传统文化中的慈善精神。第三次分配本身所富含的道德、思想、文化和精神内容,其中大量来自传统文化,植根于传统文化,也是中华优秀传统文化发扬光大的必由之路。中国特色社会主义制度为全人类公益慈善事业发展提供了独特的中国方案,对此我们有足够的自信。我们要大力弘扬传统文化中优良的公益慈善精神,更要努力探索中国特色社会主义公益慈善事业,充分发挥各类公益慈善组织的作用。

二是积极为公益慈善事业的发展创造良好的环境。政府应大力扶持公益慈善力量的发展。公益慈善事业的发展具有重要意义,必须得到政府的大力推动。否则,单纯依靠民间力量的自我发展,很难取得重大进展。当前,中国的公益慈善事业还面临许多困难,全社会还没有形成健康可持续的环境氛围,许多公益慈善机构步履维艰,需要突破法律、政策、制度、人才诸多方面的制约和瓶颈。

三是推进公益慈善事业的专业性建设。面对公益慈善事业大发展的历史机遇,公益慈善的专业性建设问题必须引起高度重视。公益慈善事业需要良好的制度安排和相关政策支持,需要高水平的组织架构和高素质的工作人员。国家应该积极倡导和扶植在高等学校中开设公益慈善专业,并开展相应的在职教育、学历教育,加强对公益慈善管理人员、技术员和志愿者的教育、培训、训练,实现公益慈善事业的专业性发展,为第三次分配制度创新实践奠定扎实的专业基础。

四是运用现代科学技术推进公益慈善事业治理的现代化。互联网的应用和信息时代的到来,为公益慈善事业的发展提供了难得的历史机遇,也带来了空前的挑战。一方面,技术的进步,使公益慈善正在发生革命性的变革。从事公益慈善活动的方式更加方便灵活,人们可以不受时间和空间的限制,随时随地参与公益慈善活动。另一方面,互联网和信息通信技术的发展,也为一些不法之徒的不法行为提供了可乘之机,需要政府加强网络安全管理,公民和社会组织提高防范意识,严厉打击不法行为,营造良好的公益慈善网络生态环境。

五是强化公益慈善事业的公信力建设。公益慈善组织的公信力是其存在的根本,没有了公信力,公益慈善组织的生存就难以为继。公益慈善组织制度不规范、管理不完善、组织架构混乱、专业人才乏力,造成事故频发,经常成为社会焦点。公益慈善组织在强调自律的同时也要注重他律,但自律是根本。增强公益慈善组织运行的规范、公开、透明,是其取得公信力的必由之路。公益慈善组织必须加强自身建设,完善内部管理,提高制度化、规范化、专业化水平,特别是要注重引进专业人才,强化专业培训,提升专业素质。

六是推动"善经济"的发展。"善经济"的发展为第三次分配提供了必要的道德资源,而社会企业则是创造"善经济"的重要载体。社会企业作为近年来兴起的新生事物,这类企业首先是企业,按照企业组建和运营。但这类企业又不同于一般的传统企业,根本不同在于这类企业的发展目标不是利润的最大化,企业的盈利主要不是用于股东分红,而是用于公益慈善事业,或者用于再投资,依托投资收益进一步支持发展公益慈善事业。除了社会企业本身外,老龄事业、社会福利事业等,都可以发展成为善经济。这一模式既可以创造经济价值,也可以创造社会价值,促使公益性与商业性、营利性有机结合起来,从对立冲突走向和谐共赢。

七是积极完善第三次分配的体制机制。一是要不断完善第三次分配的价值引领。第三次分配需要形成一个公益型的社会,其核心在于道德与价值的分配,所以需要以社会主义核心价值观为理论指导,在全社会形成人人公益、人人向善、人人共享的文化氛围,为第三次分配的实现奠定价值基础。二是要不断改革与完善第三次分配的体制。第三次分配是以公益慈善力量为核心的，而公益慈善又属于社会组织的范畴。因此，改革慈善体制特别是社会组织管理体制，增强社会组织的独立性，要尽快出台《社会组织登记管理条例》，构建政府、市场、社会组织相互合作、相互促进的社会治理格局与管理体制。三是需要不断完善第三次分配的制度体系。这些制度包括公益企业的税收减免制度、慈善组织的捐赠制度、社会救助制度等，进而从价值层面、制度供给、组织架构、实现机制、利益平衡和政策工具等方面，形成实现第三次分配制度创新的治理之道。

第四节　加快完善社会主义市场经济体制

社会主义市场经济体制是中国特色社会主义的重大理论和实践创新，是社会主义基本经济制度的重要组成部分。改革开放以来，我国坚持全面深化改革，充分发挥了经济体制改革的牵引作用，不断完善社会主义市场经济体制，极大地促进了生产力的发展，增强了党和国家的生机活力。在新时代的历史条件下，面对国际国内纷繁复杂的经济形势，必须进一步解放思想，坚定不移深化市场化改革，扩大高水平开放，加快完善社会主义市场经济体制。

一、社会主义市场经济体制是在改革开放实践中形成并接受了实践检验的制度

新中国成立之后，我国建立了高度集中的计划经济体制，在较短的时间内形成了独立的、较为完整的工业体系和国民经济体系，为当代中国发

展进步奠定了物质基础。但随着经济的发展,计划经济体制所带来的权力过于集中、经济僵化、资源配置效率低等问题随之暴露,严重束缚了生产力的发展。改革开放以来,我们党解放思想、实事求是,深刻总结了国内外经济建设的经验教训,立足于我国长期处于社会主义初级阶段的基本国情,以巨大的政治勇气通过调整生产关系不断解放发展生产力,建立了充满生机活力的社会主义市场经济体制。

1978 年党的十一届三中全会拉开了改革开放的历史大幕,也开启了社会主义市场经济的实践探索。第一阶段,是社会主义市场经济体制的孕育准备。从"计划经济为主、市场调节为辅",到"计划和市场的作用范围都是覆盖全社会的",再到"建立适应有计划商品经济发展的计划经济与市场调节相结合的经济体制和运行机制",市场调节的作用范围逐渐扩大,我们党对市场调节的认识也逐渐加深。第二阶段,是社会主义市场经济体制的建立。1992 年邓小平同志在南方谈话中指出,"计划经济不等于社会主义,资本主义也有计划;市场经济不等于资本主义,社会主义也有市场。计划和市场都是经济手段"[①]。这段精辟论述从本质上拨开了社会主义与市场经济对立的迷雾,为社会主义市场经济的建立奠定了思想基础。党的十四大第一次明确提出了社会主义市场经济体制的改革目标,并指出"市场在国家宏观调控下对资源配置起基础性作用",实现了改革开放的历史性突破。党的十四届三中全会全面概括了社会主义市场经济改革的主要内容,形成了社会主义市场经济的基本框架。党的十五大,我国确立了社会主义初级阶段基本经济制度和分配制度,形成了适应市场要求的社会主义所有制结构和分配结构,为社会主义市场经济发展奠定了根基,推动了社会主义市场经济的发展。第三个阶段,是社会主义

---

① 《邓小平文选》第三卷,人民出版社 1993 年版,第 373 页。

市场经济体制的完善。党的十六大指出,改革的主要任务是完善社会主义市场经济体制,党的十七大进一步强调了完善社会主义市场经济体制的主要内容。第四个阶段,是加快完善社会主义市场经济体制。党的十八大以来,党中央以加快完善社会主义市场经济体制为目标,积极探索所有制尤其是公有制的实现形式,努力完善社会主义基本制度与市场经济相结合的一系列机制体制。围绕政府与市场的关系,提出了"使市场在资源配置中起决定性作用和更好发挥政府作用",这标志着我们党对社会主义市场经济发展规律的认识不断升华,也体现了社会主义市场经济在实践探索中逐渐走向成熟。

回顾历史可以发现,社会主义市场经济体制的实践道路和认识过程并非一蹴而就,而是经历了实践、认识、再实践、再认识的螺旋式上升过程,是从生产力与生产关系的矛盾运动中不断改革社会主义市场经济体制以适应生产力发展的历史过程。习近平总书记曾经指出,"建立社会主义市场经济体制是一场伟大的社会实践,进行这样一场伟大实践不能没有与之相适应的科学理论作指导"。[①] 在辩证唯物主义和历史唯物主义方法论的指导下,社会主义市场经济体制的实践改革采用的是"摸着石头过河"的渐进式道路,是基于社会主义制度的自我完善,需要遵循社会主义改革的性质和目标。马克思主义强调,实践是检验真理的唯一标准。事实已经鲜明地摆在那里,中国经济体制改革之路取得了成功。我们用事实向世界证明了社会主义制度与市场经济相结合的效果是举世瞩目的。我国已成为世界第二大经济体、第一大货物贸易国、第一大制造业国家,中国人民迎来了从温饱不足到小康富裕的伟大飞跃,国家综合国力得到了大幅度提高,创造了世所罕见的经济发展奇迹。由此可见,社会主

---

① 习近平:《社会主义市场经济和马克思主义经济学的发展与完善》,《经济学动态》1998年第7期。

义市场经济体制是在改革开放实践中形成,并接受了实践检验拥有具大优越性的制度。

二、社会主义市场经济体制的基本特点

实现社会主义基本制度与市场经济的有机结合是党和人民历经万难所取得的根本成就,是改革开放四十年多来我国经济现代化建设的实践主线,是对科学社会主义的重大历史贡献。这种结合既突破了传统社会主义经济体制思维模式,又超越了资本主义市场经济,充分发挥了社会主义的制度优势和市场经济的长处,也构成了中国特色社会主义经济制度的重要标识和鲜明特征。具体来说,社会主义市场经济体制的基本特点体现在以下几个方面:

第一,社会主义市场经济是以公有制为主体、多种所有制共同发展为根基。生产资料公有制是社会主义制度区别于资本主义制度的根本特征,它的产生是为了克服生产社会化与资本主义私人占有基本矛盾从而解放发展生产力,防止两极分化,维护社会公平正义,并以实现全体人民共同富裕为目的。在此意义上,公有制具有超越市场经济的社会性质。因此,社会主义与市场经济的有机结合难点与关键就在于公有制与市场经济能否实现有效结合。改革开放以来,我们不断探索公有制在市场经济中的实现形式,通过建立产权清晰、权责明确、政企分开、管理科学的现代企业制度,基本实现了公有制与市场经济的有效结合,提升了公有制经济的控制力和影响力,做强做大做优了国有企业,在发展壮大中增强巩固了公有制的主体地位。以公有制为主体从根源上决定了社会主义市场经济的根本性质是社会主义,从而在充分发挥市场经济优势的同时,有效防止了以私有制为基础的资本主义市场经济所带来的贫富分化、经济危机等

深刻弊端,促进了社会主义的制度优势得以发挥。同时,多种所有制共同发展,有利于形成良好的市场竞争关系,激活各种所有制企业的活力和创造力,充分发挥市场经济的长处,有效利用各方面的资源,推动生产力的向前发展。

第二,社会主义市场经济是实行以按劳分配为主体、多种分配方式并存的分配制度。马克思指出,"分配的结构完全决定于生产的结构"①。社会主义初级阶段实行的按劳分配为主体、多种分配方式并存的分配制度是由社会主义所有制结构所决定的,并通过社会主义市场经济来实现。在社会主义市场经济中,坚持按劳分配为主体既克服了原有计划经济体制中存在的平均主义倾向,又从根本上突破了资本主义市场经济中资本至上的分配弊端,排除了生产资料占有对收入分配的影响。以劳动贡献差异为主进行分配,有利于激发劳动者的积极性和创造性,提升效率,同时又防止了两极分化,为实现共同富裕创造了条件。允许、鼓励和保障各种生产要素公平参与分配,有利于充分利用各种生产要素,让一切创造财富的源泉充分涌动,提升资源配置的效率,保障社会主义市场经济能够实现更有效率与更加公平的有机统一。

第三,社会主义市场经济是在中国共产党领导下以市场调节和政府调控为调节方式。中国共产党的领导是中国特色社会主义最本质的特征,坚持党对经济工作的集中统一领导,通过维护政治稳定、把握前进方向、总揽全局目标、制定战略政策、推动完善立法等,充分发挥市场调节和政府调控的调节优势。一方面,需要充分发挥市场在资源配置中的决定性作用,形成有效市场。从市场经济的一般特点来看,市场机制具有信息灵敏、效率较高、激励有效、调节灵活等优点,正如习近平总书记指出:

---

① 《马克思恩格斯文集》第8卷,人民出版社2009年版,第19页。

"理论和实践都证明,市场配置资源是最有效率的形式。"①另一方面,市场经济绝不是万能的,弥补市场失灵和完善市场机制离不开政府的调控,需要发挥有为政府的作用。我国是社会主义国家,政府调控内生于社会主义制度之中,不仅要维护市场秩序,还需要兼顾全局利益和长远利益,对国民经济进行有计划的调节,保持宏观经济稳定,加强和优化公共服务,保障公平竞争,推动可持续发展,促进共同富裕等。

第四,社会主义市场经济的生产目的是坚持以人民为中心。与资本主义市场经济生产追求剩余价值最大化目的不同,马克思深刻阐明了社会主义生产的最终目的,即"生产将以所有的人富裕为目的"。② 按照马克思主义的逻辑,共同富裕不仅是发展目标,也是一个现实的运动过程。实现社会主义生产目的需要依靠市场经济的手段来实现,但同时,市场经济手段又从属于社会主义生产目的。因此,在发展中我们需要始终遵循社会主义生产目的。

综上所述,社会主义市场经济是与社会主义基本制度结合在一起的市场经济。正如习近平总书记强调的,"我们是在中国共产党领导和社会主义制度的大前提下发展市场经济,什么时候都不能忘了'社会主义'这个定语。之所以说是社会主义市场经济,就是要坚持我们的制度优越性,有效防范资本主义市场经济的弊端"。③

三、新时代加快完善社会主义市场经济体制的着力点

中国特色社会主义进入新时代,我国经济已经由高速增长阶段转向

---

① 《习近平谈治国理政》第一卷,外文出版社 2018 年版,第 77 页。
② 《马克思恩格斯文集》第 8 卷,人民出版社 2009 年版,第 200 页。
③ 《十八大以来重要文献选编》(下),中央文献出版社 2018 年版,第 6 页。

了高质量发展阶段,人民日益增长的美好生活需要和不平衡不充分发展之间的矛盾越来越深刻地表现出来。相比过去,新时代改革开放具有许多新的内涵和特点。习近平总书记指出:"其中很重要的一点就是制度建设分量更重,改革更多面对的是深层次体制机制问题,对改革顶层设计的要求更高。"①在全面深化改革进入纵深推进的新时代,就更加需要牵住深化经济体制改革这个"牛鼻子",有力促进其他领域改革的协调深化,为全面深化改革提供动力。虽然社会主义市场经济体制是特色鲜明、富有效率,但也必须清醒地看到,我国现行社会主义市场经济体制并不是尽善尽美,还存在不少矛盾和问题。包括要素市场不够发达、市场体系还不够完善、市场在资源配置中的决定性作用发挥还不够充分,政府错位、越位、缺位现象依然存在、科技创新能力不强、资源环境约束加剧等,这就对进一步加快完善社会主义市场经济体制、建设高标准市场体系提出了更高的要求。党的十九届四中全会站在新时代发展的历史阶段,把社会主义市场经济体制上升为社会主义基本经济制度,从广度和深度上为推进社会主义市场经济体制改革作出了重要决策部署,为加快完善社会主义市场经济体制、建设高标准市场体系指明了改革的着力点,为进一步推进社会主义基本制度和市场经济的结合提供了制度保障。

第一,坚持巩固和发展公有制经济,鼓励、支持、引导非公有制经济发展,促进公有制经济和非公有制经济在社会主义市场经济中取长补短、共同发展。巩固和发展公有制经济,一方面,按照市场要求深化国有企业的改革,加快完善国有企业法人治理结构和市场化经营机制,完善健全现代企业制度,从微观层面赋予公有制企业作为市场主体的更多自主权,增强公有制经济在竞争中的活力和竞争力。另一方面,从宏观层面优化国有

---

① 《习近平谈治国理政》第三卷,外文出版社 2020 年版,第 112 页。

资本的布局和结构,增强公有制经济的控制力和影响力,充分发挥公有制经济的社会责任;鼓励、支持、引导非公有制经济发展,需要赋予非公有制经济与公有制经济共同发展的市场环境,健全以公平为原则的产权保护制度,实现各种所有制经济权利平等、机会平等、规则平等。同时,关注非公有制企业的内部成长,促进非公有制经济沿着社会主义方向健康发展。

第二,坚持完善收入分配制度,促进社会主义市场经济中公平与效率的有机统一。实现公平与效率的有机统一,就是要在不断发展生产力的基础上让人民共享改革发展的成果。因此,需要坚持在经济增长的同时实现居民收入同步增长、在劳动生产率提高的同时实现劳动报酬同步提高;完善规范初次分配制度,坚持多劳多得,提高劳动报酬在初次分配中的比重。同时,推进要素市场制度建设,完善市场评价要素贡献并按贡献分配的机制;健全再分配调节机制,发挥以税收、社会保障、转移支付为主要手段的再分配调节机制,并重视发挥第三次分配作用;构建良好分配秩序,通过增加低收入、扩大中等收入,调节过高收入,逐渐形成橄榄型的收入分配格局。

第三,坚持党对经济的集中统一领导,促进"有效市场"与"有为政府"的有机结合。坚持党对经济工作的集中统一领导,充分发挥"看不见的手"和"看得见的手"的调节优势。一方面,发挥市场在资源配置中的决定性作用,减少政府对资源的直接配置和对经济活动的直接干预,通过建设高标准市场体系,充分发挥市场机制信息灵敏、效率较高、激励有效、调节灵活等特点,构建更加完善的要素市场化配置体制机制,完善社会主义市场经济法律制度,强化法治保障,促进有效市场的形成。另一方面,更好发挥政府作用。政府除了要在弥补市场失灵和完善市场机制方面充分发挥作用以外,还需要从宏观层面和社会发展的角度,加强宏观调控目标和政策手段机制化建设、建立良好的公共服务保障体系、加强市场活动监管、健全生态环境保护机制等,不断满足社会主义的制度要求。

第四,坚持以高水平开放促进深层次市场化改革,推动扩大高水平开放和深化市场化改革相结合。坚定不移扩大开放,实施更加积极主动的开放战略,全面对接国际高标准市场规则体系,通过构建更高水平开放型经济新体制,构建对外开放新格局,加快对外开放高地建设,健全高水平开放政策保障机制,积极参与全球经济治理体系,以开放促改革促发展。

第五,坚持以人民为中心,促进社会主义生产目的与市场经济手段相统一。在中国特色社会主义新时代的今天,社会主义生产就是要让改革发展成果更多更公平惠及全体人民,不断促进人的全面发展,朝着实现全体人民共同富裕不断迈进。为此,在市场经济发展中需要始终遵循社会主义生产目的,始终坚持以人民为中心的发展思想,通过市场经济进一步解放和发展社会生产力,让人民在共建共享中有更多的获得感,不断满足人民日益增长的美好生活需要。

总的来说,社会主义基本经济制度是社会主义经济制度体系中具有长期性、稳定性的部分,起着方向性的决定作用。在新时代的发展征程中,我们要继续坚持和完善社会主义基本经济制度,充分彰显社会主义市场经济体制的优势和活力,推动我国经济实现高质量发展,为中国特色社会主义的全面发展和人类探索更好的社会制度开辟广阔道路。

第五章　繁荣发展鼓舞人民团结奋斗的社会主义先进文化

现代社会的国家治理是一项复杂而系统的工程,中国独特的文化传统、历史命运和基本国情,决定了我们必然要也必须始终坚持走的是一条适合中国发展、带有中国特色的社会主义道路。道路关乎党的命脉,关乎国家前途、民族命运、人民幸福。百年来,我们党把马克思主义基本原理同中国实际和时代特征结合起来,通过政党治理引领国家治理的方式,实现对国家和社会的领导作用;我们党作为中国特色社会主义事业的坚强领导核心,始终站在全体人民的立场上,坚持以人民为中心的发展思想,作为长期执政的政党发挥出强大的政治吸纳和资源整合功能,最大限度地汇聚各方力量进行现代化建设;我们党围绕"为什么人"的根本问题,以高度的价值自觉,始终坚持以人民为中心的社会主义发展根本立场,以高度的实践自觉,始终践行为了人民、服务人民、发展成果由人民共享的社会主义发展终极目标,带领全国各族人民走出了有别于"西方之乱"的社会主义国家发展道路,治国理政呈现出全新格局,整个国家的政治定力牢固,经济实力、科技实力、国防实力、国际影响力不断迈上新台阶,实现了"中国之治"的伟大奇迹。"中国智慧""中国经验"和"中国理念"正迅速走向世界,为解决全球治理难题提供一个又一个"中国方案"。

"中国之治"离不开"文化之治"。一个民族要实现复兴,既需要强大的物质力量,也需要强大的精神力量。习近平总书记指出:"中国特色社会主义是全面发展、全面进步的伟大事业,没有社会主义文化繁荣发展,就没有社会主义现代化。"①一个国家有什么样的文化,就能构建什么样的国家治理体系,一个国家有什么样的治理体系,相应地会形成什么样的文化。文化有先进和落后之分,判断文化的先进性应坚持历史尺度与价值尺度的有机统一,凡是符合历史潮流、站在时代前列的文化,就是先进文化,反之则是落后文化。文化是一种社会意识形态,具有阶级属性,因此,建设社会主义现代化国家,实现国家治理现代化,我们要建设和发展的是社会主义先进文化,而不是别的什么文化。对于当今中国而言,要实现国家治理现代化,实现文化治理现代化,就是要繁荣发展社会主义先进文化。

第一节　繁荣发展社会主义先进文化为
国家治理提供深厚支撑

文化是国家治理体系中影响最深远的因素,发展先进文化是国家治理现代化的重要组成部分,实现文化发展与国家治理现代化有机结合是当今世界实现国家有效治理的战略选择。文化具有与时俱进的特质,中国的先进文化也在随着中国实践而不断发展、不断进化。相对于过去历史阶段中及当今同时期其他形态的各类文化而言,中国社会主义先进文化是以马克思主义为指导,立足中国实际,植根于中华优秀传统文化,吸收国外文化有益成果,通过不断的改革创新,而形成的具有自己民族特性

①　习近平:《在教育文化卫生体育领域专家代表座谈会上的讲话》,人民出版社 2020 年版,第 4 页。

的先进文化。社会主义先进文化的建立与发展符合先进生产力发展的要求，它代表着历史发展的方向，以普惠人民群众为核心要义，兼具包容性创新性，具有强大生机和活力，集中体现着社会主义的显著优势。这是它区别于落后的封建主义文化和西方资本主义文化的鲜明特点，也因此在"中国之治"中发挥出强大的引领和推动作用。

一、社会主义先进文化是"中国之治"的灵魂

国家之魂，文以化之，文以铸之。文化是一个国家、一个民族的灵魂，也是"中国之治"的灵魂。2014年2月，习近平总书记在省部级主要领导干部学习贯彻十八届三中全会精神全面深化改革专题研讨班开班式的讲话中指出："我国今天的国家治理体系，是在我国历史传承、文化传统、经济社会发展的基础上长期发展、渐进改进、内生性演化的结果。"[①]一个国家的国家制度和国家治理体系的形成和发展有其自身的逻辑，与这个国家的历史传承和文化传统密切相关。社会主义先进文化以马克思主义为指导，是马克思主义普遍原理与中国实际相结合而产生的先进文化，是面向现代化、面向世界、面向未来的，民族的、科学的、大众的社会主义文化，具有旺盛的生命力和鲜明的时代特色。这是社会主义先进文化的优越性所在，也是中国实现文化自信的源泉和动力。社会主义先进文化是中华民族的突出优势，是我们在世界文化激荡中站稳脚跟的根基，深刻影响着国家治理体系和国家治理能力现代化的形成和发展。在中国特色社会主义新时代，要实现国家治理体系和国家治理能力现代化，势必要求不断巩固马克思主义的指导地位，不断推动社会主义先进文化繁荣发展。

---

① 《习近平谈治国理政》第一卷，外文出版社2018年版，第105页。

二、社会主义先进文化为"中国之治"提供滋养

我国国家制度和国家治理体系之所以显示出强大生命力和巨大优越性，就在于它是以马克思主义为指导、植根中国大地、具有深厚中华文化根基、深得人民拥护的制度和治理体系。这也正是中国特色社会主义制度和国家治理体系的本质特征。"具有深厚中华文化根基"是指中华民族在5000多年的历史进程中形成的关于国家制度和国家治理的丰富思想是中华优秀文化的重要组成部分。习近平总书记在庆祝中国共产党成立95周年大会上强调："在5000多年文明发展中孕育的中华优秀传统文化，在党和人民伟大斗争中孕育的革命文化和社会主义先进文化，积淀着中华民族最深层的精神追求，代表着中华民族独特的精神标识。"①社会主义先进文化是对中华民族优秀传统文化和红色革命文化的继承和发展，汲取了中华优秀传统文化和革命文化的精华，是对中华民族优秀传统文化和红色革命文化的深度融合，也是中华文化在当代中国的最新发展，为我国国家制度和治理体系的形成提供了丰厚的文化滋养。因此，要完善和发展中国特色社会主义制度，推进国家治理体系和治理能力现代化，必须坚持和完善繁荣发展社会主义先进文化的制度，发展社会主义先进文化，广泛凝聚人民的精神力量。

三、社会主义先进文化引领"中国之治"的发展

实践充分表明，推进国家治理体系和治理能力现代化，离不开先进文

---

① 习近平：《在庆祝中国共产党成立95周年大会上的讲话》，人民出版社2016年版，第13页。

化的引领。中国共产党是具有高度文化自觉的马克思主义政党，从成立之日起就既是中华优秀传统文化的忠实传承者和弘扬者，又是中国先进文化的积极引领者和践行者。新中国成立70多年来，我们党在领导人民团结奋斗实践中，形成了一条重要经验和一个独特优势，就是善于运用先进文化引领前进方向、凝聚奋斗力量、完善国家治理、推动事业发展。党的十八大以来，以习近平同志为核心的党中央在领导全党全国人民统筹推进"五位一体"总体布局、协调推进"四个全面"战略布局的伟大进程中，始终高扬文化理想，坚守中华文化立场，大力发展社会主义先进文化。党的十九届四中全会通过的《中共中央关于坚持和完善中国特色社会主义制度　推进国家治理体系和治理能力现代化若干重大问题的决定》从13个方面系统概括了我国国家制度和国家治理体系的显著优势，其中一个重要方面是"坚持共同的理想信念、价值理念、道德观念，弘扬中华优秀传统文化、革命文化、社会主义先进文化，促进全体人民在思想上精神上紧紧团结在一起的显著优势"。党的十九届五中全会站在党和国家事业发展全局高度，明确提出到2035年建成文化强国，这是党中央首次明确建成文化强国的具体时间表，标志着我们党对文化建设重要地位及其规律认识的深化，为在全面建设社会主义现代化国家新征程中推动建成文化强国提供了行动指南。党的十九届六中全会充分总结党百年奋斗的重大成就和历史经验，肯定了新时代文化建设取得的成绩，同时也提出了开创中国特色社会主义新时代在文化建设方面的新要求，为繁荣发展社会主义先进文化指明了方向，为新时代推进国家治理现代化尽快实现提供了坚强思想保证和强大精神力量。要适应新时代、新任务、新要求，就要大力推动社会主义先进文化的繁荣发展，不断丰富人民的精神世界、增强人民的精神力量。

繁荣发展社会主义先进文化，是国家治理体系和治理能力现代化的深厚支撑。社会主义先进文化立足社会主义建设的伟大实践，社会主义先进文化的繁荣发展进一步彰显出我国国家制度和国家治理体系的先进性和优越性，发挥出凝聚人心、鼓舞人民团结奋斗的引领作用。当前，中国正处于实现中华民族伟大复兴关键时期，面对国内国际种种机遇和挑战，面对世界范围内思想文化相互激荡、我国社会思想观念深刻变化的趋势，推进我国国家治理体系和国家治理能力现代化，更加需要坚定信心、鼓舞士气，更加需要凝聚共识、汇集力量，更加需要发扬斗争精神、坚定斗争意志。这就要求我们必须坚定文化自信，牢牢把握社会主义先进文化前进方向，激发全民族文化创新创造活力，建设社会主义文化强国，更好构筑中国精神、中国价值、中国力量，巩固全党全国各族人民团结奋斗的共同思想基础，始终坚持以人民为中心的根本立场。

第二节　坚守以人民为中心的根本立场

马克思、恩格斯指出，"无产阶级的运动是绝大多数人的，为绝大多数人谋利益的独立的运动"[1]，"工人阶级一旦取得统治权，就不能继续运用旧的国家机器来进行管理"[2]，国家机关必须由社会主人变为社会公仆，接受人民监督。习近平总书记在庆祝中国人民政治协商会议成立65周年大会的讲话中指出："中国共产党的一切执政活动，中华人民共和国的一切治理活动，都要尊重人民主体地位，尊重人民首创精神，拜人民为师。"[3]"中国之治"鲜明地体现着先进文化的人民主体精神，其第一原则就是

---

[1]　《马克思恩格斯选集》第1卷，人民出版社2012年版，第411页。
[2]　《马克思恩格斯选集》第3卷，人民出版社2012年版，第54页。
[3]　习近平：《在庆祝中国人民政治协商会议成立65周年大会上的讲话》，人民出版社2014年版，第18页。

"坚持以人民为中心"。始终代表最广大人民根本利益,坚持人民当家作主,体现人民共同意志,维护人民合法权益,紧紧依靠人民推动国家发展,使改革发展成果更多更公平惠及全体人民,是我国国家制度和国家治理体系的本质属性,是我国国家制度和国家治理体系有效运行、充满活力的根本所在,也是我国国家制度和国家治理体系的一大显著优势。

习近平总书记在庆祝改革开放40周年大会的讲话中指出:"为中国人民谋幸福,为中华民族谋复兴,是中国共产党人的初心和使命。"①为人民谋幸福、为民族谋复兴,是我们党领导现代化建设的出发点和落脚点,也是实现国家治理现代化的"根"和"魂"。只有坚持以人民为中心的发展思想,坚持发展为了人民、发展依靠人民、发展成果由人民共享,将人民满意度作为评价发展是否成功的唯一标准,才会有正确的发展观、现代化观。以人民为中心是我们党的根本政治立场,是新时代国家治理体系和国家治理现代化的根本政治遵循,是推进文化治理现代化、繁荣发展社会主义先进文化的根本立场。坚持一切为了人民,是中国共产党一以贯之的价值追求,它不是一句空洞的口号,而是体现在推进文化治理现代化、繁荣发展社会主义先进文化的各个方面、各个环节之中。

一、繁荣发展社会主义先进文化的主体是人民

党的十九大报告指出,人民是历史的创造者,是决定党和国家前途命运的根本力量。社会主义先进文化是亿万群众共同创造、共同享有的人民大众的文化。繁荣发展社会主义先进文化必须始终坚持依靠人民,发挥人民主体作用,尊重群众首创精神,激发人民群众文化创新创造活力。

---

① 习近平:《在庆祝改革开放40周年大会上的讲话》,人民出版社2018年版,第24页。

人民群众是繁荣发展社会主义先进文化的主体，包括两方面含义：一是人民群众是社会主义先进文化的表现主体。社会主义先进文化牢固树立人民群众是文化主体的历史唯物主义观点，始终坚持以人为本，面向人民大众，以广大人民群众为服务对象和表现主体，表现他们在改革开放和现代化建设中的光辉成就，为人民放歌，为人民抒情，为人民呼吁。二是人民群众是推动社会主义先进文化繁荣发展的主体。人民群众不仅是物质财富的创造者，也是精神财富的创造者。新中国成立以来，尤其是改革开放40多年来，依靠全体人民群众的智慧和力量，我国文化建设、文化治理不断取得新成就，创造新辉煌。新时代繁荣发展社会主义先进文化，建设社会主义文化强国，必须充分尊重和发挥人民群众在文化建设中的主体地位和首创精神，坚持以人民为中心的根本立场。

二、社会主义先进文化来源于人民

习近平总书记强调："人民是创作的源头活水，只有扎根人民，创作才能获得取之不尽、用之不竭的源泉。"[1]人民群众的生产实践活动是社会主义先进文化繁荣发展的唯一源泉，人民群众是推动社会变革的巨大力量，是先进生产力和先进文化的创造者。他们通过物质生产实践活动为文化创造提供必要的物质基础，反过来又在文化满足中催生创造物质财富的内驱动力。[2]追溯文化的起源，无论是作为观念形态的价值理念、道德情操、理想追求，还是作为艺术形式的音乐舞蹈、书法绘画、诗词歌赋，无一不来自于人民群众的生产生活实践。人民群众在改革开放和国家治理现代化进程中的伟大实践，为文化创作生产提供了新的题材、新的人物、新的情感

---

① 《习近平谈治国理政》第三卷，外文出版社2020年版，第324页。
② 廖文：《人民群众是文化的主体》，《光明日报》2010年11月25日。

和新的精神,为社会主义先进文化的繁荣发展提供了最丰富的源泉。社会主义先进文化源自人民,离开人民的生产生活,就会成为无根之木、无源之水,就会丧失发展生机与活力,因此,必须坚持以人民为中心的根本立场。

三、社会主义先进文化成果由人民共享

我们党从人民群众的根本利益出发,提出文化为人民服务,文化成果由人民共享,是对人民群众文化主体地位的确立和尊重,是党领导文化治理理念的精髓与灵魂,体现了中国特色社会主义先进文化的本质特征。可以说,繁荣发展社会主义先进文化就是要以满足人民群众日益增长的精神文化需求为目标,让最广大的人民群众共享社会主义先进文化发展的成果。习近平总书记强调:"世界上最大的幸福莫过于为人民幸福而奋斗。"①只有始终坚持以人民为中心,一切为了人民,一切依靠人民,一切惠及人民,才能真正实现繁荣和发展。党的十九届四中全会提出的"健全人民文化权益保障制度"也正是从一个侧面体现了以习近平同志为核心的党中央坚持一切为了人民,始终把人民利益摆在至高无上的地位,推动发展成果更多更公平惠及全体人民,努力让人民过上更好生活的不懈追求。在新时代的中国社会,要确保先进文化成果由人民群众共享,同样必须坚持以人民为中心的根本立场。

四、人民满意度是繁荣发展社会主义先进文化的唯一评价标准

繁荣发展社会主义先进文化要以"人民满意"为尺,向"人民满意"而

---

① 习近平:《在二〇二二年春节团拜会上的讲话》,《人民日报》2022 年 1 月 31 日。

行。随着我国经济快速发展、人民个人素质和生活水平不断提高,人民群众对实现自身文化权益和丰富精神文化生活的要求及期待越来越高,对文化产品的内容和服务的质量、对文化传播渠道的多媒体性、对文化传播手段的便利性、对个人文化权益的保障等的要求越来越高。党的十九届四中全会提出"建立健全把社会效益放在首位、社会效益和经济效益相统一的文化创作生产体制机制"和我们致力于共同推进的文化建设工作评价机制,正是源于人民群众的需求与检验是文化发展的内生动力。中国特色社会主义的性质决定了人民是文化的评价者,人民的满意度是评价文化作品的最高标准。社会主义先进文化以满足人民精神文化需求为全部工作的出发点和落脚点,切实维护好、保障好人民基本文化权益,构建科学的文化评价体系,尊重人民对文化评价的话语权,以人民对文化建设的认可度和满意度作为检验标准。如何让更多文化产品和服务经得起人民群众的评判和市场的检验,扩大社会效益和经济效益,是推进文化治理现代化过程中必须始终高度重视的问题,而实现社会主义先进文化更高质量、更有效率、更加公平、更可持续地繁荣发展的关键点就是始终坚持以人民为中心的政治立场。

五、鼓舞人民团结奋斗是繁荣发展社会主义先进文化的方向目标

习近平总书记曾深刻指出:"实现中国梦必须凝聚中国力量。这就是中国各族人民大团结的力量。"[1]"一百年来,党和人民取得的一切成就

---

① 习近平:《在第十二届全国人民代表大会第一次会议上的讲话》,人民出版社 2013 年版,第 4 页。

都是团结奋斗的结果,团结奋斗是中国共产党和中国人民最显著的精神标识。"①中国共产党百年奋斗的历史经验告诉我们,团结就是力量,奋斗开创未来;能团结奋斗的民族才有前途,能团结奋斗的政党才能立于不败之地。我们党立志于中华民族千秋伟业,必须培养一代又一代拥护中国共产党领导和我国社会主义制度、立志为中国特色社会主义事业奋斗终身的有用人才。中国共产党用社会主义先进文化感染、教育最广大的人民群众,引导人民群众增强中国特色社会主义道路自信、理论自信、制度自信、文化自信,厚植爱国主义情怀,引导人民群众树立远大理想、热爱伟大祖国、担当时代责任、勇于砥砺奋斗,引领全国各族人民团结奋斗,勇做走在时代前列的奋进者、开拓者、奉献者。同时,人民群众开创性的伟大实践又进一步丰富和发展了社会主义先进文化,进一步激励和推进了中国特色社会主义国家治理体系和国家治理现代化的实践探索。现在,党团结带领全国各族人民踏上了实现第二个百年奋斗目标新的赶考之路,只有紧紧依靠人民,始终团结奋斗,我们才能在新征程上铸就新的时代辉煌。要繁荣发展社会主义先进文化,鼓舞人民团结奋斗,同样要求坚持以人民为中心的政治立场。

在习近平总书记关于治国理政的重要论述中,"坚持以人民为中心"是一个核心命题。他多次强调,要坚持以人民为中心的工作导向,坚持以人民为中心的发展思想,坚持以人民为中心的创作导向,坚持以人民为中心的研究导向……这样的治理理念和治理实践高度统一于以习近平同志为核心的党中央进行的新时代中国特色社会主义的伟大事业之中,体现在中国共产党治国理政的各项实践之中,也正是中华民族之所以具有强大的凝聚力和向心力的根本原因。因此,只有以人民为

---

① 习近平:《在二〇二二年春节团拜会上的讲话》,《人民日报》2022 年 1 月 31 日。

中心的"中国之治"，才是良性的，才具有可持续性。①"中国之治"之所以能够成功正是在于，我们在党的领导下，通过不断改革创新，使中国特色社会主义在解放和发展社会生产力、解放和增强社会活力、促进人的全面发展上更有效率，更能激发全体人民的积极性、主动性、创造性，更能在竞争中赢得比较优势，从而充分体现中国特色社会主义制度的优越性。

繁荣发展社会主义先进文化是坚持以人民为中心的文化发展实践历程，为实现人的全面发展、社会全面进步提供了深厚的精神支撑。实现文化治理现代化，实现社会主义先进文化的永续发展，要始终将"为了人民"作为根本旨归，以人民群众的全面发展程度、文化需求满足程度、精神力量增强程度作为根本的评判尺度。要坚持把社会效益放在首位、社会效益和经济效益相统一，推进文化事业和文化产业全面发展，繁荣文艺创作，完善公共文化服务体系，为人民提供更多更好的精神食粮。要坚定文化自信，牢牢把握社会主义先进文化前进方向，围绕举旗帜、聚民心、育新人、兴文化、展形象的使命任务，广泛凝聚人民精神力量，鼓舞人民团结奋斗，带领全国各族人民为实现国家治理体系和国家治理现代化贡献力量。要建立和完善适应新时代中国特色社会主义事业发展需要的社会主义先进文化制度，充分发挥中国特色社会主义文化制度的先进性和优越性，以制度保障力量让人民群众在文化发展中获得实惠，共享文化成果，并以更大的热情和主人翁精神积极投身于实现中华民族伟大复兴的伟大斗争、伟大工程、伟大事业、伟大梦想之中。

---

① 马建辉：《先进文化与中国之治》，《中华文化报》2020 年 1 月 14 日。

第三节　发挥社会主义先进文化的制度优势

文化发展和文化制度构建相融相洽、相辅相成,是繁荣发展社会主义先进文化的题中应有之义。在社会主义先进文化制度中,具体制度的种类有很多,规范的领域也有所不同,但价值取向都是一致的,那就是始终坚持以人民为中心,努力满足人民日益增长的美好生活需要,促进人的全面发展。《中华人民共和国国民经济和社会发展第十四个五年规划和2035 年远景目标纲要》中明确提出,要发展社会主义先进文化,提升国家文化软实力。党的十九届四中全会强调,必须构建系统完备、科学规范、运行有效的制度体系,加强系统治理、依法治理、综合治理、源头治理,把我国制度优势更好转化为国家治理效能,不断彰显"中国之治"的制度优势和强大生命力。党的十八大以来,以习近平同志为核心的党中央始终坚持以马克思主义为指导,坚持从基本国情出发、从实际出发,持续推进理论创新、实践创新、制度创新、文化创新以及各方面创新,不断发挥文化在中国特色社会主义事业中的强大引领和凝聚作用,形成了繁荣发展社会主义先进文化的制度体系①,用更加健全的制度体系保证人民当家作主。

党的十九届四中全会系统总结了我国国家制度和国家治理体系的显著优势,一个重要方面就是"坚持共同的理想信念、价值理念、道德观念,弘扬中华优秀传统文化、革命文化、社会主义先进文化,促进全体人民在思想上精神上紧紧团结在一起"。社会主义先进文化制度是中国特色社

---

① 孙来斌:《夯实"中国之治"的文化根基》,《人民日报》2020 年 4 月 24 日。

会主义制度的重要组成部分，它之所以具有巩固全体人民团结奋斗共同思想基础的巨大优势，就在于它具有共同的理想信念作为支撑，就在于它可以坚定中国特色社会主义文化自信，就在于它能够激发全民族文化创新创造活力。

一、社会主义先进文化制度有共同的理想信念支撑

"在思想上精神上紧紧团结在一起"是社会主义先进文化制度的显著优势，这一显著优势首先得力于共同的理想信念作支撑。一个国家、一个民族，要步伐一致，共同奋进，必须有共同的理想信念作支撑。在党的十九大报告中，习近平总书记强调："建设具有强大凝聚力和引领力的社会主义意识形态，使全体人民在理想信念、价值理念、道德观念上紧紧团结在一起。"①党的十九届四中全会提出要"坚持共同的理想信念、价值理念、道德观念"。理想信念、价值理念、道德观念都属于意识形态范畴，是社会主义意识形态建设的三个着眼点，也是铸就共同理想信念的三个重要方面。

（一）让"理想信念"成为人们心中灯塔

习近平总书记强调："一个国家，一个民族，要同心同德迈向前进，必须有共同的理想信念作支撑。"②理想信念是支柱，是引领共产党人一往无前的政治方向，也是保证共产党人屹立于世的政治根基。必须把筑牢理想信念作为思想建设的战略任务，确保党员、干部始终保持头脑清醒、

---

① 习近平：《决胜全面建成小康社会　夺取新时代中国特色社会主义伟大胜利——在中国共产党第十九次全国代表大会上的报告》，人民出版社2017年版，第41页。
② 《习近平谈治国理政》第二卷，外文出版社2017年版，第323页。

认准方向、砥砺前行。同时，"理想信念教育不仅要在党员干部中开展，而且要面向全社会开展"①。坚定的理想信念，支撑了一代代中国共产党人为人民、为国家、为民族前赴后继的奋斗，成为中国人民从站起来到富起来再到强起来的巨大动力，也由此成为我们党百年历程中最可宝贵的红色基因。②

(二)让"价值理念"成为人们内心自觉

习近平总书记指出："加快构建充分反映中国特色、民族特性、时代特征的价值体系，努力抢占价值体系的制高点。"③历史和现实一再证明，核心价值观是一个国家的重要稳定器，尤其是社会主义核心价值观。我们要坚持以社会主义核心价值观引领文化建设，深化群众性文明建设，建设新时代文明实践中心，推动学习大国建设，在落细落小落实上持续用力，使社会主义核心价值观融入社会发展各方面，转化为人们的情感认同和行为习惯。④

(三)让"道德观念"成为人们心中底线

国无德不兴，人无德不立。习近平总书记指出："我们要坚持马克思主义道德观、坚持社会主义道德观，在去粗取精、去伪存真的基础上，坚持古为今用、推陈出新，努力实现中华传统美德的创造性转化、创新性发展，教育引导人们向往和追求讲道德、尊道德、守道德的生活，形成向上的力

---

① 刘奇葆：《坚定理想信念是开展党内政治生活的首要任务》，《人民日报》2016年11月9日。

② 代江波：《理想信念是支柱》，《学习时报》2017年8月30日。

③ 中共中央文献研究室编：《习近平关于全面深化改革论述摘编》，中央文献出版社2014年版，第88页。

④ 中共中央宣传部：《习近平新时代中国特色社会主义思想三十讲》，学习出版社2018年版，第197页。

量、向善的力量,让……每一分子都成为传播中华美德、中华文化的主体。"①因此,我们必须加强道德建设,将社会主义道德观念和道德规范贯穿于社会生活方方面面,引导人们注重品德修养,纯洁生活圈、净化娱乐圈、控制交往圈,守住道德底线、不碰法纪红线,用高雅生活情趣育人品、立德行、促廉洁。

二、社会主义先进文化制度坚定文化自信

人无精神则不立,国无精神则不强。唯有精神上站得住、站得稳,一个民族才能在历史洪流中屹立不倒、挺立潮头。"在思想上精神上紧紧团结在一起"是社会主义先进文化制度的显著优势,这一显著优势能否发挥,取决于我们能否有效弘扬中华优秀传统文化、革命文化、社会主义先进文化,取决于我们能否坚定中国特色社会主义文化自信。没有高度的文化自信,就不可能有人们在思想上精神上紧紧团结在一起,不可能有中华民族伟大复兴。把握社会主义先进文化制度优势的核心在于:理论上,深入阐释文化自信;实践上,坚定文化自信。

文化自信的底气,"源自于中华民族五千多年文明历史所孕育的中华优秀传统文化,熔铸于党领导人民在革命、建设、改革中创造的革命文化和社会主义先进文化,植根于中国特色社会主义伟大实践"②。

（一）中华优秀传统文化的滋养

习近平总书记指出:"中华文化源远流长,积淀着中华民族最深层的

---

① 中共中央文献研究室编:《习近平关于社会主义文化建设论述摘编》,中央文献出版社2017年版,第138页。

② 习近平:《决胜全面建成小康社会 夺取新时代中国特色社会主义伟大胜利——在中国共产党第十九次全国代表大会上的报告》,人民出版社2017年版,第41页。

精神追求,代表着中华民族独特的精神标识,为中华民族生生不息、发展壮大提供了丰厚滋养。"①中华优秀传统文化是我们民族的精神命脉,蕴含着丰富的文化基因和优秀的价值理念,是我们赖以生存和发展的根基所在。我们之所以能对中华优秀传统文化充满自信,主要在于优秀传统文化传续着中华文明永恒的价值特征和精神品格。例如,天人合一的宇宙观、革故鼎新的发展观、自强不息的人生观、知行合一的实践观和社会和谐的理想观,等等。在传承中华文化的过程中,我们既要批判性地继承中华传统价值理念,更要弘扬和发展好中华优秀传统文化;要以马克思主义为指导,以坚持与发展中国特色社会主义实践为标准,合理扬弃,转化重构;要以开放、自信、理性的态度,正确认识和对待中华传统文化,增强对中华传统文化的肯定和认同,使文化自信更加具有历史的厚度和底蕴的深度。

(二)革命文化的精神传承

我们党在领导各族人民争取民族独立、民族解放的革命和社会主义建设的伟大斗争中,立足于伟大革命、建设实践,创造了鲜明独特、奋发向上的革命文化。革命文化是我们党的理想信念、优良传统和精神品格的集中表达,是我们党不忘初心、牢记使命的精神支柱,是中国精神、中国价值、中国力量的集中展示和有力彰显,是文化自信和价值观自信的重要源泉。任何一个民族都需要有这样的精神构成其强大精神力量,这样的精神无论时代发展到哪一步都不会过时。因此,我们要把革命文化中所蕴含的精神传承下去,发扬好。一是要坚定革命理想信念。我们要在新时代新征程中,把实现共产主义伟大理想和中国特色社会主义共同理想作为自己孜孜不懈的奋斗目标,进一步增强社会主义意识形态的吸引力、凝

---

① 《习近平谈治国理政》第一卷,外文出版社2018年版,第164页。

聚力，为实现中华民族伟大复兴，最终实现共产主义不懈奋斗。二是要发扬革命优良传统。革命优良传统是在中国革命和建设的伟大实践中，将马克思主义的基本原理与中国具体实际相结合的产物，是中国精神的重要组成部分。我们要传承和弘扬革命优良传统，树立起新时代的精神丰碑，使之在新时代迸发出更强大的精神力量。三是要学习革命精神品格。中国共产党人领导中国人民在寻求民族独立、民族解放、人民幸福的伟大斗争中，形成了井冈山精神、长征精神、延安精神、大庆精神等革命精神品格，这些精神品格都需要我们不断学习好、传承好、发扬好。

（三）社会主义先进文化的价值引领

中国共产党人凭着高度文化自信和价值观自觉，用中国梦描绘实现民族复兴与人民幸福这一共同愿景，用社会主义核心价值观凝聚中国人的价值共识，从而能够有效动员全社会的力量。党的十九大报告鲜明指出，决胜全面建成小康社会，夺取新时代中国特色社会主义伟大胜利，实现中华民族伟大复兴，必须发展社会主义先进文化。社会主义先进文化是文化自信的时代内涵。新时代，坚持中国特色社会主义发展道路，努力建设和发展社会主义先进文化，推动中国特色社会主义文化繁荣兴盛，是坚定文化自信和价值观自信的时代要求。因此，我们坚持中国特色社会主义文化发展道路，要实现中华文化的转化再造，不断满足人们日益丰富的文化需要，形成具有中国特色、中国风格、中国气派的价值理念，不断推动中华文化繁荣兴盛，建设中国特色社会主义文化强国，最终实现中华民族文化的伟大复兴。

（四）外来优秀文化的吸收借鉴

实现文化繁荣发展，既需要不忘本来、植根塑魂，也需要吸收外来、交流互鉴。中华民族自古就有积极进取、海纳百川的文化气度,建党百年来马克思主义与中国实际相结合的历次飞跃性发展,都是中华民族吸收借鉴外来优秀文化成果,并将其转化为建设新时代中国特色社会主义伟大事业深厚支撑的最生动的体现。坚定文化自信,需要博采众长,坚持洋为中用、开拓创新,做到中西合璧、融会贯通,要积极吸收借鉴国外一切优秀文化成果,要对资本主义的核心价值观加以理性辨别、批判,以我为主、为我所用,提升和丰富自我,努力建设面向现代化、面向世界、面向未来的,民族的、科学的、大众的社会主义先进文化。

三、社会主义先进文化制度有利于激发全民族文化创新创造活力

"在思想上精神上紧紧团结在一起"是社会主义先进文化制度的显著优势,这一显著优势还表现在社会主义先进文化制度有利于凝聚中华民族的全部智慧和力量,能够激发全民族文化创新创造活力。习近平总书记指出:"文化是民族生存和发展的重要力量。人类社会每一次跃进,人类文明每一次升华,无不伴随着文化的历史性进步。"[1]"历史和现实都证明,中华民族有着强大的文化创造力。"[2]创新是文化发展的活力源泉和动力根基。我们要发展中国特色社会主义文化,就是要坚定文化自信,坚持创造性转化和创新性发展,与时俱进地建设社会主义文化强国。繁荣发展社会主义先进文化的主体是人民,建设和完善社会主义先进文化

---

[1]　中共中央文献研究室编:《十八大以来重要文献选编》(中),中央文献出版社2016年版,第119页。

[2]　中共中央文献研究室编:《十八大以来重要文献选编》(中),中央文献出版社2016年版,第121页。

制度的主体同样是人民,人民不仅是社会主义先进文化制度的利益主体,也是社会主义先进文化建设的创造主体。人民之中蕴藏着巨大的文化创造创新活力,是推动社会主义先进文化大发展繁荣发展的力量源泉。社会主义先进文化制度坚持以人民为中心的根本立场,充分尊重人民在文化建设中的主体地位和首创精神,发时代之先声,为亿万人民、为伟大祖国鼓与呼,依靠人民的智慧和力量推动社会主义先进文化实现跨越式繁荣发展。

习近平总书记指出:"中华文化既坚守本根又不断与时俱进,使中华民族保持了坚定的民族自信和强大的修复能力,培育了共同的情感和价值、共同的理想和精神。"①文化兴国运兴,文化强民族强。要繁荣发展社会主义先进文化,坚定文化自信,必须发展中国特色社会主义文化,坚定不移走中国特色社会主义文化发展道路,必须坚持和完善中国特色社会主义先进文化制度;必须充分发挥社会主义先进文化制度的特色和优势,坚持以人民为中心,坚持为人民服务、为社会主义服务,坚持百花齐放、百家争鸣,坚持创造性转化、创新性发现,凝聚人民群众磅礴伟力,共同铸就中华文化新辉煌。

第四节　坚持繁荣发展社会主义
先进文化的正确方向

党的十八大以来,以习近平同志为主要代表的中国共产党人,坚持把马克思主义基本原理同中国具体实际相结合,创立了习近平新时代中国

---

① 中共中央文献研究室编:《十八大以来重要文献选编》(中),中央文献出版社 2016 年版,第 121 页。

特色社会主义思想。习近平同志对关系新时代党和国家事业发展的一系列重大理论和实践问题进行了深邃思考和科学判断，深刻回答了"时代之问""实践之问""人民之问"。以习近平同志为核心的党中央，以伟大的历史主动精神、巨大的政治勇气、强烈的责任担当，与时俱进地探索国家治理体系和国家治理能力现代化问题并取得重大成果，实现了政治稳定、经济发展、社会和谐、民族团结。党的十九届四中全会着眼于更好地保障和推动社会主义文化繁荣发展，对坚持和完善繁荣社会主义先进文化的制度进行了系统全面阐述，明确提出新时代发展社会主义先进文化的方向、目标、使命任务、方针和原则，为我们提供了建设社会主义先进文化的制度指南，充分彰显了我国的道路自信、理论自信、制度自信、文化自信。全会提出，要坚持马克思主义在意识形态领域指导地位的根本制度，坚持以社会主义核心价值观引领文化建设制度，健全人民文化权益保障制度，完善坚持正确导向的舆论引导工作机制，建立健全把社会效益放在首位、社会效益和经济效益相统一的文化创作生产体制机制。这为繁荣发展社会主义先进文化、巩固全体人民团结奋斗的共同思想基础提供了根本遵循，也为推进文化治理体系建设和文化治理能力现代化指明了方向。

现在，中国特色社会主义进入了新时代，我国发展正处于新的历史方位，中华民族踏上了全面建设社会主义现代化国家、向第二个百年奋斗目标进军的新征程，我们势必会遇到许多新情况、新问题、新矛盾、新挑战。文化治理体系的建设和文化治理能力现代化的实现并非一蹴而就、一时之功，要想真正实现繁荣发展社会主义先进文化，并保持社会主义先进文化建设长期可持续健康发展，保持社会主义先进文化旺盛的生命力，我们就要始终坚持中国特色社会主义文化发展道路。中国特色社会主义文化道路深入回答了文化建设中带有方向性、根本性、战略性的重大问题，指明了我国文化建设的前进方向和发展路径，是新时代推动社会主义文化繁荣兴盛的必由之路，也是繁荣发展社会主义先进文化的正确方向和核心密码，我们必须要持久地坚持下去。

一、坚持将党的领导贯彻到社会主义先进文化建设全过程

中国共产党的领导是中国特色社会主义最本质的特征，是中国特色社会主义制度的最大优势。治理好我们这个世界上最大的政党和人口最多的国家，必须坚持党的全面领导特别是党中央集中统一领导，坚决维护党的核心和党中央权威，健全总揽全局、协调各方的党的领导制度体系，不断增强"四个意识"，坚定"四个自信"，做好"两个维护"，要把党的领导落实到国家治理各领域各方面各环节，落实到社会主义先进文化建设的全过程。中国共产党百年奋斗的历史和实践表明，在不同历史时期、不同发展阶段，我们党都适时提出具有纲领性前瞻性的文化战略、基本方针，有力领导、指导、推动社会主义先进文化的建设和发展。我们党根据中国实际确立的文化原则和方略，体现了马克思主义文化思想的科学内涵以及在当代的发展，进一步发展了马克思主义文化理论，有力地推动了社会主义先进文化的建设发展。坚持将党的领导贯彻到社会主义先进文化建设全过程，就要在社会主义先进文化的建设与发展中，不断推动习近平新时代中国特色社会主义思想深入人心，巩固全党全国人民团结奋斗的共同思想基础，建设具有强大凝聚力和引领力的社会主义意识形态，使全体人民在理想信念、价值理念、道德观念上紧紧团结在一起，保障社会主义先进文化建设及其治理现代化始终在正确的政治方向下发展。

二、坚持马克思主义在意识形态领域的指导地位

繁荣发展社会主义先进文化,必须始终坚持马克思主义在意识形态领域的指导地位。社会主义先进文化以马克思主义为根本指导思想,体现了我们建设文化强国的社会主义性质和社会主义道路等原则问题。党的十九届四中全会在党的历史上第一次把马克思主义在意识形态领域的指导地位作为一项根本制度明确提出来,这既是对我们党意识形态建设经验的科学总结,又为新形势下开展意识形态工作指明了方向。马克思主义作为立党立国的根本指导思想,是社会主义意识形态的旗帜和灵魂。用制度的形式将马克思主义在意识形态领域的指导地位予以巩固和强化,凸显了中国共产党治国理政的基本经验和独特优势,对于推进社会主义先进文化建设,具有重大指导意义。

将马克思主义在意识形态领域的指导地位作为根本制度,意味着这项制度是贯穿并渗透于其他制度之中的,是其他制度的重要前提和根本保障。习近平总书记指出:"马克思主义是我们立党立国的根本指导思想。背离或放弃马克思主义,我们党就会失去灵魂、迷失方向。在坚持马克思主义指导地位这一根本问题上,我们必须坚定不移,任何时候任何情况下都不能有丝毫动摇。"[1]在国家治理体系和治理能力现代化背景下,这标志着以习近平同志为核心的党中央对于中国特色社会主义制度的根本属性的全新认识和对新形势下意识形态工作的基本定位。新的时代条件下,坚持马克思主义在意识形态领域指导地位的根本制度,就是要推动全党全社会全面贯彻落实习近平新时代中国特色社会主义思想。

---

[1] 《习近平谈治国理政》第二卷,外文出版社2017年版,第33页。

（一）健全用党的创新理论武装全党、教育人民工作体系

及时准确地阐释和宣传党的路线方针政策和创新理论，提高人们科学理性地认识国情、分析问题和改造世界的能力和水平，将各方力量汇聚到大国崛起、民族复兴的事业上来。要完善党委（党组）理论学习中心组等各层级学习制度，保证领导干部理论学习常态化、系统化、制度化。同时，建设和用好网络学习平台，加强内容建设，创新学习形式，要努力适应分众化、差异化的传播趋势，提供多层次、多主题、精准发力、便捷高效的学习服务。

（二）深入实施马克思主义理论研究和建设工程，加强新时代马克思主义学院建设

把握时代要求，总结历史经验、揭示发展规律，为发展马克思主义作出原创性贡献，是新时代意识形态工作的重要使命。这就要求将马克思主义作为指导思想和理论武器，运用到研究中国发展和中国共产党执政面临的重大理论和实践问题中去，全面落实到思想理论建设、哲学社会科学研究、教育教学的各方面，努力形成有深度、有影响力的马克思主义中国化理论成果。马克思主义理论研究和建设工程是巩固马克思主义在意识形态领域指导地位的基础工程，在推动马克思主义中国化时代化大众化、构建中国特色的哲学社会科学话语体系、造就宏大的马克思主义理论队伍的过程中发挥着极其重要的作用。这一工程自实施以来，党中央历来重视对马克思主义理论研究和建设工程的切实贯彻和大力推动。2021年9月，中共中央办公厅印发《关于加强新时代马克思主义学院建设的意见》，对新时代马克思主义学院的发展提出要求，强调要着力打造马克思主义理论教育教学、研究宣传和人才培养的坚强阵地，为全面建设社会主义现代化国家、实现中华民族伟大复兴的中国梦提供坚实学理支撑和

人才支持。2022年2月，教育部印发《新时代马克思主义理论研究和建设工程教育部重点教材建设推进方案》，又为进一步推动和完善马克思主义理论研究和建设工程教材建设明确了方向。

（三）加强和改进学校思想政治教育，建立全员、全程、全方位育人体制机制

思想政治教育工作关系到未来中国特色社会主义事业由什么样的人接班，回答的是培养什么人、怎样培养人、为谁培养人这个根本问题，必须旗帜鲜明、毫不含糊。习近平总书记在全国高校思想政治工作会议上指出："我们办中国特色社会主义教育，就是要理直气壮开好思政课，用新时代中国特色社会主义思想铸魂育人。"①思想政治教育要遵循教育规律和学生成长规律，增强思政课的思想性、理论性和亲和力、针对性的有机统一，引导学生自觉融入坚持和发展中国特色社会主义事业、建设社会主义现代化强国、实现中华民族伟大复兴的奋斗之中。

（四）落实意识形态工作责任制

习近平总书记在2013年全国宣传思想工作会议的讲话中指出，宣传思想工作就是要巩固马克思主义在意识形态领域的指导地位，巩固全党全国人民团结奋斗的共同思想基础。② 党的十八大以来，党中央相继制定出台了《党委（党组）意识形态工作责任制实施办法》《中国共产党宣传工作条例》等一系列党内法规，对意识形态工作责任制进行明确。做好意识形态工作，必须坚持全党动手，落实党委（党组）责任。各级党委和政府部门都要树立意识形态安全意识，压紧压实做好意识形态工作的政

---

① 《习近平谈治国理政》第三卷，外文出版社2020年版，第329页。
② 《习近平谈治国理政》第一卷，外文出版社2018年版，第153页。

治责任、领导责任,落实好主管主办和属地管理原则,把宣传思想工作同各个领域的行政管理、行业管理、社会管理更加紧密地结合起来。同时,注意区分政治原则问题、思想认识问题、学术观点问题,旗帜鲜明反对和抵制各种错误观点。

三、坚持用社会主义核心价值观引领社会主义先进文化建设

社会主义核心价值观把涉及国家、社会、公民三个层面的价值要求融为一体,深入回答了我们要建设什么样的国家、建设什么样的社会、培育什么样的公民的重大问题,是当代中国精神的集中体现,凝结着全体人民共同的价值追求。[①] 坚持以社会主义核心价值观引领文化建设的基本制度,就是要发挥社会主义核心价值观在社会主义先进文化建设各个方面的引领作用,并提供坚实有力的制度保障。

（一）推动理想信念教育常态化、制度化

坚定理想信念,最重要的是坚定对马克思主义的信仰、对中国特色社会主义的信念、对实现中华民族伟大复兴中国梦的信心。一是深化中国特色社会主义和中国梦宣传教育,把中国特色社会主义和中国梦宣传教育、理想信念教育纳入国民教育总体规划,融入国民教育全过程,广泛开展群众性精神文明创建活动和丰富多彩的主题教育活动。二是推动思想道德建设和爱国主义教育开创新局面,用习近平新时代中国特色社会主义思想武装全党、教育人民,深化理想信念教育,大力弘扬爱国主义精神。三是把完善青少年理想信念教育齐抓共管机制作为重中之重。要完善高

---

① 中共中央宣传部:《习近平新时代中国特色社会主义思想三十讲》,学习出版社 2018 年版,第 196—197 页。

校人才培养体系,深度挖掘高校各学科门类专业课程蕴含的思想政治教育资源,创新青年人才培养方式,将重点培养与普及教育相结合,组织引领与自我成长相结合。

(二)完善弘扬社会主义核心价值观的法律政策体系

社会主义核心价值观是我国制定法律法规和公共政策的价值准则,完善弘扬社会主义核心价值观的法律政策体系,需要将社会主义核心价值观全面融入法律法规和公共政策之中。一是要把社会主义核心价值观贯彻到依法治国、依法执政、依法行政的实践之中,充分发挥法律的规范、引导、保障、促进作用,形成有利于培育和践行社会主义核心价值观的良好法治环境。二是要把社会主义核心价值观全面融入我国公共政策体系,把社会主义核心价值观的要求体现到"五位一体"总体布局各方面政策的制定和实施之中。三是要建立健全政策评估和纠错机制,推动形成有效传导社会主流价值的政策体系,实现公共政策和核心价值观建设良性互动。

(三)推进中华优秀传统文化传承发展工程

社会主义核心价值观与讲仁爱、重民本、守诚信、崇正义、尚和合、求大同的中华传统道德理念密切关联、一脉相承。培育和践行社会主义核心价值观要培基固本,推进中华优秀传统文化传承发展工程。一是加强对中华优秀传统文化的研究梳理。系统梳理传统文化资源,认真汲取中华优秀传统文化的思想精华,深入挖掘和阐发其讲仁爱、重民本、守诚信、崇正义、尚和合、求大同的时代价值。二是广泛开展教育实践和传播工作。大力宣传中国人民和中华民族的优秀文化和光荣历史,通过各种方式引导人们树立和坚持正确的历史观、民族观、国家观、文化观。三是鼓励文化文物单位开发文化创意产品。鼓励各类博物馆、美术馆、图书馆等文化文物单位在履行好公共文化服务职能、确保文化资源保护传承的前提下，运用创意和科技手段，开发满足市场需求的文化创意产品，弘扬优秀文化。四是大力推动文化产业发展。健全现代文化产业体系和市场体系，创新生产经营机制，完善以高质量发展为导向的文化经济政策，培育新型文化业态。发挥好文化产业在传承中华优秀传统文化中的作用，不断增强中华优秀传统文化的影响力和吸引力，提升中华文化国际竞争力。

（四）健全志愿服务体系

志愿服务是社会文明进步的重要标志，是培育和践行社会主义核心价值观的有效载体。健全志愿服务体系关键是完善志愿服务的制度建设。一是要规范志愿者招募注册，及时发布志愿者招募信息，根据标准和条件吸纳社区居民参加志愿服务活动，为有意愿、能胜任的社区居民进行登记注册。二是加强志愿者培训管理，坚持培训与服务并重的原则。三是建立志愿服务记录制度，对志愿者的服务进行及时、完整、准确记录，为表彰激励提供依据。四是健全志愿服务激励机制，如建立志愿者星级认定制度、志愿者嘉许制度、志愿服务回馈制度，等等。

（五）完善诚信建设长效机制

完善诚信建设长效机制是坚持社会主义核心价值观引领文化建设制度的重要着力点，完善诚信建设长效机制关键在健全覆盖全社会的征信体系。一是要建立起覆盖全社会的信用信息记录。加快国家统一征信平台的建设，逐步实现多部门、跨地区、跨领域信息联享、信用联评、守信联奖、失信联惩。二是大力营造诚信建设宣传舆论声势。大力开展诚信行业、诚信单位、诚信示范街区、诚信经营示范店、诚信网店等主题实践活动,运用微博、微信、微视、微电影等多种新媒体传播手段弘扬诚信文化,在社会上营造良好的氛围,进一步提高全社会诚信水平。三是建立健全鼓励诚信、惩戒失信联动机制。建立诚信发布制度推动各地各部门依据法律法规,建立诚信"红黑名单"制度,把恪守诚信者列入"红名单",把失信违法者列入"黑名单"。四是营造诚信建设法治环境。要运用法治手段解决道德领域突出问题,加强诚信相关立法工作,坚持对失信行为严格执法,深化普及诚信方面的法律知识,健全诚信建设法规制度。

四、坚持正确导向的舆论引导工作机制

当今世界正经历百年未有之大变局,党和国家面对的改革发展任务之重、矛盾风险挑战之多前所未有,特别是随着传播技术的飞速发展,舆论生态发生了深刻变化。2016 年 2 月 19 日,习近平总书记在党的新闻舆论工作座谈会上用了"五个事关"强调了党的新闻舆论工作的重要性:"做好党的新闻舆论工作,事关旗帜和道路,事关贯彻落实党的理论和路线方针政策,事关顺利推进党和国家各项事业,事关全党全国各族人民凝聚力和向心力,事关党和国家前途命运。"[1]因此,必须充分发挥新闻舆论工作宣传、教育、动员群众的重要作用,提高舆论引导能力,从中国特色社会主义制度和国家治理体系的高度来认识和把握坚持正确导向的舆论引导工作机制。

(一)牢牢把握正确的舆论导向

新闻舆论工作必须坚持党管媒体原则,坚持团结稳定鼓劲、正面宣传

---

① 《习近平谈治国理政》第二卷,外文出版社 2017 年版,第 331—332 页。

为主，唱响主旋律、弘扬正能量。一是坚持党管媒体的原则。党的新闻舆论媒体所有工作，都要体现党的意志、反映党的主张，维护党中央权威、维护党的团结，做到爱党、护党、为党；都要增强看齐意识，在思想上政治上行动上同党中央保持高度一致；都要坚持党性和人民性相统一，把党的理论和路线方针政策变成人民群众的自觉行动，及时把人民群众创造的经验和面临的实际情况反映出来，丰富人民精神世界，增强人民精神力量。二是坚持正确舆论导向，必须坚持团结稳定鼓劲、正面宣传为主的基本方针。新闻媒体要不断强化社会责任感和担当意识，在错综复杂的局势面前要准确、及时地反映党的路线、方针、政策，反映社会现实生活主流，动员和激励人民群众创造自己的幸福美好新生活，鼓舞人民群众为实现伟大中国梦而奋斗。

（二）构建全媒体传播体系

2019 年 1 月，习近平总书记在中共中央政治局举行第十二次集体学习时特别指出："推动媒体融合发展……形成资源集约、结构合理、差异发展、协同高效的全媒体传播体系。"①加快构建全媒体传播体系，一是以内容建设为根本，通过融合加快形成高质量内容产出机制。要加强对信息资源的挖掘和加工，尊重不同受众群体的差异，精准定位不同受众群体的信息需求和偏好，制作生产适应分众化、差异化传播的精品内容。二是以先进技术为支撑，媒体要紧跟信息化发展趋势，紧盯信息革命新成果，不断培植和强化技术基因，发展移动客户端、手机网站等应用新业态，为建立全媒体传播体系提供有力技术保障。三是以创新管理为保障，推动媒体管理体制机制改革。通过实施移动优先战略，创新构建报纸、网络、

---

① 《习近平谈治国理政》第三卷，外文出版社 2020 年版，第 318 页。

客户端、微博、微信等一体化生产的融媒方阵等方式,优化整合各种要素,提高全环节、全流程优化效率,实现宣传效果的最大化、最优化,不断激发人才活力、增强新闻创造力。

(三)完善舆论监督机制

完善舆论监督机制就是要加强舆论监督体系制度化、规范化运作,进一步提高监督水平。一是全面准确认识舆论监督工作。舆论监督要强化政治意识,要围绕中心、服务大局来开展舆论监督;要强化责任意识,要敢于和善于开展舆论监督,围绕党和政府关注的、人民群众关心的热点问题,实事求是、认真调查,有针对性地做好舆论监督报道。二是坚持从严规范和加强保障两手抓,进一步加强三个方面的制度建设:保障性方面的制度建设,明确开展舆论监督的制度要求、保障措施;规范性方面的制度建设,明确界定舆论监督的定位、范围、途径和程序;导向性方面的制度建设,将舆论监督和正面宣传相统一。

(四)健全重大舆情和突发事件舆情引导机制

当今世界形势纷繁复杂,瞬息万变,诸如新冠肺炎疫情在世界范围内全面暴发、俄乌冲突升级等重大事件与突发事件持续引发国际国内关注,网络、短视频等多媒体手段在方便人们了解世界最新形势的同时也由于对部分信息的不完全掌握或者蓄意为之而引发了不同程度的舆情事件,因此,健全重大舆情引导机制成为应有之义。健全重大舆情引导机制,前提是要建立预警机制,建立和完善舆情信息收集机制,运用信息技术和大数据等现代化手段,对舆情进行统计分析,掌握基本态势,分析发展趋势,建立舆情监测预警体系。核心是完善重大舆情协调联动处置机制。在重大事件和突发事件出现时,一是要及时抢占舆论引导制高点,确保第一时间发现、第一时间处置，做到快速反应、有效引导、精准调控。二是要发挥全媒体优势，从多方面、多维度和全时段对重大突发事件进行跟踪报道，客观真实反映事件进展，坚持信息披露的真实性、及时性和完整性，纠正由偏见、谣言、流言等所激发而形成的谬误言论，并作出权威详尽的评论、解释，对舆情信息进行有效引导。

（五）加快建设网络综合治理体系

加强互联网内容建设，建立网络综合治理体系，营造清朗的网络空间，是党和政府的重要工作，是牢牢掌握意识形态工作领导权的重要内容。一是树立综合治理理念，明确服务人民是最终目标，协同治理是有效方式。政府要培育整体协作观念，将活跃的公益团体、企业，甚至是公民个人纳入多主体的网络综合治理体系中，协同发力。二是落实各相关方责任。要通过加强党委负责的方式，提升党对网络媒体的领导力和控制力，政府部门要从严整治网络乱象，强化互联网企业的法律责任意识和社会责任意识，主动增加企业内部监管的力度。同时，积极搭建群众监督平台，将网络治理纳入全社会监督之下。三是健全网络治理法规体系，为网络舆情综合治理体系提供规则保障。随着互联网的发展，还要进一步健全和完善包括互联网新媒体、数字文化产业、新型文化市场发展所需的法律法规，筑牢维护网络空间安全的法治防火墙，营造清朗健康的网络空间。

中国式现代化是人口规模巨大的现代化，是全体人民共同富裕的现代化，是物质文明和精神文明相协调的现代化，是人与自然和谐共生的现代化，是走和平发展道路的现代化。[①] 百年来，在中国共产党的坚强领导

---

① 本书编写组：《中华人民共和国简史》，人民出版社、当代中国出版社 2021 年版，第 457 页。

下，中国社会主义先进文化建设植根于中国特色社会主义事业的伟大实践，立足于中国实际，坚持马克思主义的指导地位，坚持以人民为中心，充分发挥出社会主义制度的特色和优势。党的十八大以来，以习近平同志为核心的党中央高度重视社会主义先进文化建设，特别是把文化自信和道路自信、理论自信、制度自信并列为中国特色社会主义"四个自信"，紧紧围绕社会主义文化强国目标，围绕举旗帜、聚民心、育新人、兴文化、展形象的使命任务，保证人民当家作主，协同推进人民富裕、国家强盛、中国美丽，习近平新时代中国特色社会主义思想深入人心，主流思想舆论持续巩固壮大，社会主义核心价值观广为弘扬，人民群众文化需求得到更好满足，文化建设取得了重大历史性成就，可信可爱可敬的中国形象更加鲜亮。

党的十九届六中全会充分肯定了文化建设所取得的成绩，指出，在文化建设上，我国意识形态领域形势发生全局性、根本性转变，全党全国各族人民文化自信明显增强，全社会凝聚力和向心力极大提升，为新时代开创党和国家事业新局面提供了坚强思想保证和强大精神力量。①

习近平总书记在 2022 年春节团拜会上饱含深情地说："心中装着百姓，手中握有真理，脚踏人间正道，我们信心十足、力量十足。"②江山就是人民，人民就是江山。只要始终坚持以人民为中心，社会主义先进文化就能得以真正的繁荣和发展，文化治理现代化就能得以实现，文化建设就能赢得民心、赢得时代，从而最终在中华民族的伟大复兴进程中厚植"文化自觉"和"文化自信"土壤，在世界文明的交流激荡中站稳脚跟，不断创造"中国之治"的辉煌奇迹。

---

① 《中国共产党第十九届中央委员会第六次全体会议文件汇编》，人民出版社 2021 年版，第 13 页。

② 习近平：《在二〇二二年春节团拜会上的讲话》，《人民日报》2022 年 1 月 31 日。

第六章　打造人民共建共治共享的社会治理格局

　　社会治理是国家治理的重要方面。以人民为中心是国家治理的核心密码，同样也是社会治理的核心密码。在新的历史起点上，要不断增强人民群众的获得感、幸福感、安全感，就需要进一步把以人民为中心的基本原则贯彻到社会治理全过程，打造人民共建共治共享的社会治理格局，不断创新社会治理体制、提高社会治理效能。具体而言，打造人民共建共治共享的社会治理格局就要把以人民为中心贯穿到社会治理全过程，在厘清以人民为中心的基本原则的基础上，继续在社会主义本质的层面、社会治理的层面深入理解和实践以人民为中心的理论要义。在实践中，要坚持在以人民为中心的理念指导下打造共建共治共享的社会治理格局，并进一步创新社会治理的动力机制和平衡机制。

第一节　把以人民为中心贯彻到社会治理全过程

一、以人民为中心的基本原则

以人民为中心是马克思主义的本质属性。马克思在《神圣家族》中指出："历史活动是群众的活动,随着历史活动的深入,必将是群众队伍的扩大。"①作为世界上最大的马克思主义政党,中国共产党自成立以来,就把"为人民谋幸福"作为初心,把全心全意为人民服务作为根本宗旨,把以人民为中心作为全部工作的出发点和落脚点。不同于中国共产党,一些西方政党采取多党制或者两党制的政党制度,相关政党为了获取选票赢得大选,不惜成为资本与选票的附庸,甚至成为某些利益集团的附庸,故而不能真正做到为人民服务。与之相比,以人民为中心是中国共产党治国理政的基本原则,它贯穿到包括社会治理在内的一切活动或工作中。把握作为社会治理基本原则的以人民为中心的深刻内涵,需要从中国共产党人民主体论的维度加以深入说明。以人民为中心实际上是中国共产党人民主体论的具体体现或实践要求。以人民为中心或坚持人民主体,就是一切依靠人民、一切为了人民、一切由人民评判。

(一)人民群众是推动社会发展的决定性力量

坚持把人民当作主体,一切依靠人民。中国共产党坚持了马克思主义唯物史观的基本原理,这就是人民群众创造历史的群众史观。从唯物史观基本原理看,人民群众是社会历史的创造者,也是社会变革的决定力量。正如马克思所指出的,"历史不过是追求着自己目的的人的活动而已"②。现实的人及其活动是人类社会历史的逻辑起点、现实起点,从事实践活动的人民群众是历史主体,是推动社会发展和社会变革的根本力量,即人民群众创造历史。"人民,只有人民,才是创造世界历史的动力。"③改革开放以来,中国共产党坚持人民历史主体论,紧紧依靠人民创

① 《马克思恩格斯文集》第1卷,人民出版社2009年版,第287页。
② 《马克思恩格斯文集》第1卷,人民出版社2009年版,第295页。
③ 《毛泽东选集》第3卷,人民出版社1991年版,第1031页。

造历史伟业。从历史主体看,广大人民群众是开创中国道路、推动中国现代化建设的根本的力量源泉。改革开放以来,推动当代中国发生深刻社会变革、广泛社会转型的决定力量是亿万人民群众。中国道路的成功开辟是人民群众创造历史的"中国版本"。我们可以从两个角度加以拓展性说明。一是从发展模式看,人民群众实践尤其创新活动是推动生产力发展的积极驱动力。从一般意义上说,生产力包括了"物"的因素和"人"的因素。而人是生产力中最活跃、最革命的因素。中国现代化建设充分调动了劳动者的积极性和创造性。从核心驱动要素来看,社会发展模式包括了"权力驱动""资本驱动"和"创新能力驱动"三类。尽管在改革开放初期,我们比较依赖权力驱动、资本驱动,但是,随着现代化进程不断深入,我们更加强调以人为本的发展模式,更加依靠人的创新能力,实现发展模式的转换。二是从人的需要的角度看,中国现代化建设与人民群众的日常生活需求相契合,前者可以从后者那里获得源源不断的内在动力。推动社会发展是需要动力的,在这个动力系统中,人的需要是"原动力"或"第一动力"。人民群众的需求及其变化是生产力发展的动因,是推动社会发展的内生动力。人民群众的需求是多方面的,而物质利益需求是最主要的。正如马克思指出的,人们所奋斗的一切,都同他们的利益有关。以经济建设为中心的中国道路契合了人民群众(以物质利益为核心)的日常生活需求。现代化建设不再是与人民群众日常生活需求脱节的"政党意志"或"国家意志",而是同每个人切身利益相关的事情,是大家普遍参与并且能从中获利的事情。人民群众的需求也是不断变化的,它推动社会发展模式不断转型升级,现代化内涵不断拓展深化。从"物质文化需要"到"美好生活需要"的转化,推动中国现代化不断深入,使中国道路朝着"实现人的全面自由发展"的方向不断前进。

（二）人民群众是社会发展的价值旨归

坚持把人民当作目的，一切为了人民。对中国共产党而言，人民群众既是历史主体，也是价值主体。以人民为中心、人民立场、为人民谋幸福等话语，从根本上回答了"为了谁"的问题，是立党为公、执政为民的鲜活体现，也是中国共产党人始终要坚守的政治灵魂和精神支柱。我国制度和国家治理体系的优势，说到底，是能够有效维护人民群众根本利益的优势，是能够极大实现人民美好生活的优势。习近平总书记强调："必须牢记我们的共和国是中华人民共和国，始终要把人民放在心中最高的位置，始终全心全意为人民服务，始终为人民利益和幸福而努力工作。"①党的十八大以来，以习近平同志为核心的党中央坚持一切为了人民，提出人民对美好生活的向往就是我们的奋斗目标，践行人民至上的价值理念。

（三）人民群众是社会发展的裁判者

坚持把人民当作尺度，一切由人民评判。以人民为中心、人民主体论还包含了人民群众是评价主体的重要内容。中国道路成功与否、中国改革成功与否、中国制度优越与否，评价标准只能是人民群众。"人民拥护不拥护、赞成不赞成、高兴不高兴、答应不答应"是衡量中国道路、中国制度成功与否的根本标准。正如习近平总书记强调："改革发展搞得成功不成功，最终的判断标准是人民是不是共同享受到了改革发展成果。"②中国特色社会主义进入新时代，中国共产党进一步强调，坚持由人民群众评判，把人民群众满意作为检验工作的第一标准。以什么为标准、用什么来衡量，从根本上来说，是一个对谁负责、让谁满意的大问题。人民群众

---

① 《习近平谈治国理政》第三卷，外文出版社2020年版，第139页。

② 中共中央文献研究室编：《习近平关于社会主义社会建设论述摘编》，中央文献出版社2017年版，第35页。

是检验、评价的主体；群众意见是一把最好的尺子，最能衡量我们工作的长短优劣。习近平总书记指出："时代是出卷人，我们是答卷人，人民是阅卷人。"①把人民当作阅卷人的国家制度和治理体系呈现出的就是以人民为中心的显著优势。

二、以人民为中心是社会主义本质要求

以人民为中心不仅是中国共产党宗旨、价值、治国理政的基本原则，也是社会主义本质要求。由此，以人民为中心要不断体现在包括社会治理在内的社会主义事业的全过程中。

基于对资本主义社会资产阶级对无产阶级剥削与压迫的分析，马克思、恩格斯在《共产党宣言》中指出："过去的一切运动都是少数人的，或者为少数人谋利益的运动。无产阶级的运动是绝大多数人的，为绝大多数人谋利益的独立的运动。"②社会主义伟大事业就是为人民群众谋利益、求解放的历史运动，以人民为中心构成了社会主义本质规定性。以人民为中心的本质规定性主要表现为社会发展目标、社会发展动力、社会发展理想三个层面。

（一）从社会发展目标看，社会主义就是一切为了人民

通过发展不断满足人民美好幸福生活的社会。不同社会制度的显著区别就是发展理念。为什么人、由谁享有是区别不同社会制度及其发展理念的根本问题。在以往一切阶级社会，社会的发展都是服务于剥削阶级的利益、愿望和要求的。在这些社会，少数统治阶级、剥削阶级和广大

---

① 《习近平谈治国理政》第三卷，外文出版社 2020 年版，第 70 页。
② 《马克思恩格斯文集》第 2 卷，人民出版社 2009 年版，第 42 页。

人民群众的利益是根本对立的。资产阶级尽管扛起了人本主义的启蒙大旗，但其所建立的资本主义社会还是维护资产者的利益，社会生产的目的是资本增值。资本主义社会是以资本为主导的生产逻辑、发展逻辑。只有社会主义社会的"生产将以所有人的富裕为目的"，确定的是以人民为中心的生产逻辑、发展逻辑。社会主义社会坚守人民至上的价值取向，确立以人民为中心的发展理念，把实现人民幸福、美好生活作为社会发展的目的和归宿。

（二）从社会发展动力看，社会主义就是一切依靠人民

通过激发人的积极性、主动性和创造性，使人民主体性和个人的能力得到充分发挥。人民群众是历史主体，是创造历史的动力，是真正英雄。对此，习近平总书记指出："人民既是历史的创造者、也是历史的见证者，既是历史的'剧中人'、也是历史的'剧作者'。"[1]在以往社会中，由于压迫性、剥削性社会关系和社会制度的制约，人民主体地位、人民群众历史能动性被严重压制了。历史上的统治阶级都是把自己看成人民群众的父母。历史上那些所谓明主、贤相、清官也许有过体察民情、爱民如子甚至为民请命的举动，但究其实质仍然还是为了维护剥削阶级的统治。只有社会主义消除了一切旧的社会关系桎梏，让人民主体地位得到充分彰显。马克思、恩格斯指出："历史活动是群众的活动，随着历史活动的深入，必将是群众队伍的扩大。"[2]所谓社会主义社会，就是坚持"社会本位"的社会，而"社会本位"本质上就是"人民本位"。人民群众是社会主义伟大事业的主体，是社会物质财富和精神财富的创造者，也是社会变革和发展的决定性力量。人民所表达的意愿、所创造的经验、所拥有的权利、所发挥

---

① 《习近平谈治国理政》第二卷，外文出版社 2017 年版，第 314 页。
② 《马克思恩格斯文集》第 1 卷，人民出版社 2009 年版，第 287 页。

的作用,在社会主义制度下得到了全方位、全过程的实现,社会主义伟大事业也让每个人的能力、人的丰富性得到全面提升。

(三)从社会发展理想看,社会主义就是一切由人民共享

通过不断消除不平等的甚至对抗性的社会关系,使人民共同享有经济社会发展和社会进步的成果。让无产阶级和广大人民群众摆脱奴役和剥削,成为社会的主人,是社会主义运动的历史使命和伟大理想。资本主义私有制极其不合理的社会关系,导致社会生产条件和发展成果都不能由人民共享。社会主义、共产主义社会将彻底消除阶级之间、城乡之间、脑力劳动和体力劳动之间的对立和差别,实行各尽所能、按需分配,真正实现人民共享、实现每个人自由而全面的发展。人民群众是社会物质财富和精神财富的创造者,也应当成为社会发展成果的享有者。社会主义社会通过一系列制度安排,逐步把人民共享的应然逻辑转化为实然逻辑、把人民主体的历史逻辑转化为实践逻辑,让"所有人共同享受大家创造出来的福利"。坚持以人民为中心的本质要求,就是要建设人人参与、人人尽力、人人享有的社会主义社会。

三、以人民为中心是社会治理的基本原则

无论是作为党的根本宗旨,还是作为社会主义的本质要求,以人民为中心基本原则要"落地",要贯彻到治国理政、社会生活等方方面面。新时代推进社会治理,同样要将以人民为中心的基本原则"落地生根"。人民群众是社会物质财富和精神财富的创造者,是推动社会治理发展的决定性力量。毫无疑问,社会治理的核心是人,只有妥善处理人民群众之间的关系才能保证社会的安定有序发展。在社会治理共同体中,

人民成为不容置疑的主体力量,社会治理的成效由人民群众来评判;与此同时,实现人民群众的获得感、幸福感与安全感也成为社会治理的鲜明目标。

（一）将人民群众纳入社会治理的全过程

以人民为中心,就要在社会治理中做到一切为了人民一切依靠人民,将人民群众纳入社会治理的全过程。一是牢牢把握人民的主体地位。人民群众是历史的参与者和创造者,是推动历史发展的决定性力量,这直接决定了人民必然是社会治理的主体力量、治理主体、基本原则和有效保障;这是我国社会治理的基本底色。因此,在具体治理实践中,要将人民置于社会治理的最高位置,置于社会治理的全过程,增加人民群众的参与感、认同感与获得感,从而真正实现人民当家作主。二是提高人民的治理意识和治理能力。要增强人民自我管理、自我服务、自我监督、自我教育的意识,不断推动人民参与社会治理的程序化、规范化与科学化,提高人民参与治理的积极性、科学性和有效性。三是自觉接受人民监督。要切实保障人民参与社会治理的监督权。正如马克思所指出的:"工人阶级一旦取得统治权,就不能继续运用旧的国家机器来进行管理"[1],还要防范自己的代表和官吏由社会公仆变为社会主人。一切权力源自人民也必须接受人民监督,只有号召人民积极参与社会治理才能让社会治理的成果更好惠及人民、为人民谋幸福。

（二）将实现人民群众的获得感、幸福感、安全感作为出发点和落脚点

以人民为中心,就要在社会治理中将实现人民群众的获得感、幸福

---

[1]　《马克思恩格斯文集》第3卷,人民出版社2009年版,第110页。

感、安全感作为出发点和落脚点。为人民群众谋求美好生活是我国社会治理的出发点和落脚点。从唯物史观维度看,人的全面发展是马克思主义的最高追求,将人民群众对美好生活的追求视为社会治理的落脚点符合唯物史观的基本标准。从中国共产党的执政维度看,党的权力源于人民也要落脚于人民,确保人民赋予的权力用来为人民谋幸福。在社会治理中,要切实保障人民群众的基本权利落到实处、不受侵犯,让广大人民群众能够享受到社会治理的益处,能够发自内心地拥护党的方针政策,并积极参与到社会治理中去,推动我国社会治理的协调性和一体化发展。此外,社会治理还要始终体现人民意志,激发人民创造力,自觉接受人民监督,让权力在阳光下运行。当然,社会治理是一项系统性工程,需要各方面统筹协调合作。

(三)把人民群众作为治理成效的裁判员

以人民为中心,就是要在社会治理中把人民群众作为治理成效的裁判员。习近平总书记指出:"人民立场是马克思主义政党的根本政治立场,人民是历史进步的真正动力,群众是真正的英雄,人民利益是我们党一切工作的根本出发点和落脚点。"①因此,依靠人民群众推动的社会治理的成果必须由人民群众来评判,社会治理好不好人民最有发言权。在社会治理中要密切关注人民群众所拥护的东西、所期待的内容和所反对的事情;实际上,人民对于更好社会治理的追求体现在生活的方方面面,比如:更高的收入、更好的教育、更美的环境、更优的医疗,等等。为此,党和政府应该进一步加强公共服务体系建设,进一步制定完善国家基本公共服务标准,稳步提高公共服务能力,构建人人有责、人人尽责、人人享有

---

① 《习近平谈治国理政》第二卷,外文出版社2017年版,第189页。

的社会治理共同体,推动社会治理现代化,维护国家安全、社会稳定、人民安宁,实现社会的稳定健康发展。

综上所述,坚持一切为了人民、以人民为中心是我国社会治理的根本出发点和落脚点;社会治理的发展史就是一部为实现人民解放和全面发展的奋斗史。因此,要坚持人民群众的主体地位,要将以人民为中心基本原则贯穿社会治理全过程,着力打造共建共治共享的社会治理结构。

第二节　打造共建共治共享的社会治理格局

从社会治理角度看,贯彻落实以人民为中心,就是打造共建共治共享的社会治理格局。党的十九大报告明确提出了"打造共建共治共享的社会治理格局"的这一重大论断。这既是对党的十八大以来社会治理经验的总结,也是进一步加强和创新社会治理的新要求,充分体现了以人民为中心的发展思想。马克思指出:"凡是要把社会组织完全加以改造的地方,群众自己就一定要参加进去。"[①]实际上,马克思早就强调过在社会治理中人民群众的重要性,尤其是强调在共产主义社会人民群众的社会主人翁地位,强调"每个人的自由发展是一切人的自由发展的条件"[②]。与此同时,打造共建共治共享的社会治理格局也是对西方国家"允诺民主""选票民主"忽视人民群众根本利益的超越,从而真正实现了以人民为中心的治理格局。

---

① 《马克思恩格斯文集》第4卷,人民出版社2009年版,第549页。
② 《马克思恩格斯文集》第2卷,人民出版社2009年版,第53页。

一、共建强调共同参与社会建设

"共建"是实现以人民为中心治理格局的重要前提,它解决了社会治理依靠谁的问题,是打造社会治理新格局的基础。社会治理不仅仅是党和政府的责任,更需要社会各方的共同参与,即在党的领导下,整合政府、市场与社会等多元主体共同参与建设,各主体之间平等协商、合作互动,通过一系列政策安排为社会治理主体创造发挥作用的机会,推动社会治理的协同化,构建"人人有责"的社会合作秩序。

（一）"共建"强调党的领导地位以及政府的服务功能

不同于以往片面强调单维度的管理与管制,社会治理强调政府主导、社会调节和居民自治的协调与平衡,形塑了多元化的社会治理体系。一是坚持党作为社会治理的领导主体地位。党政军民学,东西南北中,党是领导一切的。坚持党的领导是我国社会治理体系的政治依托和组织保障,是我国社会治理的根本原则和鲜明底色。二是坚持政府的主导地位。政府要实现从"管理者"到"服务者"的转化。在社会治理中,政府要限制自我职能,还政于民、还权于民,积极转变自我职能;要处理好政府同其他社会组织的关系,明确不同主体在社会治理中的边界和职责;要进一步为人民有序参与社会治理完善风险预警、反馈和回应机制,合理规避社会纠纷,减轻社会治理成本。显然,唯有实现从纯粹的"管理者"到"领导者+服务者"的身份转换才能更好地为社会治理的有序发展指引航向,解决实际问题。

（二）"共建"强调社会治理主体的多元化

当前,社会问题的多样化和复杂化决定了传统点线式管理体制的低效化,这直接催生了社会治理主体的多元化。唯有构建系统的、全民参与的社会治理体制才能更好地应对社会问题、规避社会危机。一是明确多元治理主体的角色定位。明确的治理定位有助于治理工作的高效化、精准化,有助于激发治理主体的积极性和创造性,有助于社会治理主体之间的协调合作,助推良好治理合力的形成。二是建立主体多元、资源共享、协调互动的良性运行机制。将党总揽全局的优势转化为促进多元主体协同治理的优势,进一步优化治理结构,实现政府、社会以及居民自治的良性互动,协力打造社会治理共同体。三是拓宽民众参与社会治理的渠道。进一步推动社会治理主体下移,激发社会基层公众的参与度,强调非政府组织、企业、公民等治理主体的协调合作,这有助于弥补政府失灵、市场失灵等现实问题,从而有效化解矛盾、促进社会和谐发展。

(三)"共建"强调社会组织的重要作用

社会组织具有公益性、非营利性、非政府性等特点,在社会治理中起上传下达作用。一是构建多类型、多功能的社会组织。社会组织的多样性决定了社会治理覆盖面的广阔性和精准性。据统计,"截至 2020 年年底,全国社会组织总量为 89.44 万个,较 2019 年增长 3.21%,其中,社会团体 37.5 万个,社会服务机构 51.1 万个,基金会 8385 个,分别较 2019 年增长 0.81%、4.93%和 10.62%"①。社会组织力量的发挥有助于推动社会治理从"传统社会管控"到"现代社会善治"的转变。二是加强对社会组织的管控。社会组织具有自发性、发展无序性等缺点,需要加以管控。因此,社会组织一方面要加强自身建设,紧紧围绕人民群众诉求展开活动;另一方面要承担与政府的"链接"功能,积极承担社会责任,更好服

---

① 《慈善蓝皮书:全国社会组织总量为 89.44 万个,较 2019 年增长 3.21%》,《公益时报》2022 年 1 月 18 日。

务人民群众。此外,要降低社会组织的备案门槛,增加对社会组织运行的资金支持和人员培训,制定相关政策积极引导社会组织的健康发展,增强社会组织的服务力和组织力,更好发挥社会组织服务社会的潜力。显然,要从社会各个方面来保障人民群众的根本利益就必须让社会组织充分发挥作用,从而在深度和广度上拓宽共建路径。

二、共治强调共同参与社会治理

"共治"解决了社会治理如何展开的问题。在我国,社会治理并非一种单向的社会管制,而是在遵照人民主体性的基础上探索出共同参与社会治理的模式。具体而言,所谓"共治"指的是多元主体实现治理现代化的现实路径,它强调多元主体共同参与,通过民主协商形式,把政府和群众的关系由"你和我"的关系转变成"我们"的互动关系,实现了从"单向管理"向"双向互动"的转变。

(一)"共治"强调创新社会治理机制的重要性

社会治理机制创新是保障人民基本权利的重要方式。治理主体的多元化决定了治理方式的多样化。因此,要促使社会各方面的协调配合,实现精细化管理。一是构建多元治理主体格局。实现由"单一行政管理"转变为"多元主体协同治理",推进社会治理主体的多元化、基层治理的社会化;积极调动不同职业、不同阶层民众广泛参与社会治理。二是完善社会利益表达机制。要善于搜集不同社会群体的意见和建议,倾听不同社会阶层的呼声,善于化解社会矛盾,关注群众切身利益。三是构建还权于民的制度机制。要进一步加大简政放权力度,拓宽民主协商的方式和路径,采取多样化民主协商形式,更好地协调基层多元化利益诉求,正确引导民众有序参与民主协商,让民主协商的成果惠及广大人民。此外,还要树立大社会观、大治理观,将党总揽全局、协调各方的政治优势同政府的资源整合优势有机结合,打造全民参与的开放治理体系,把社会治理变成亿万人民参与的生动实践。

(二)"共治"强调社会治理的智能化

在当前数字时代,以人民为中心原则目标的实现有必要借助于数字科技的强大推动力。具体而言,要塑造多样化的社会矛盾解决机制,形成线下线上的良性治理互动,提高社会治理水平。一是利用大数据实现社会治理的精准化。要善于利用互联网信息技术,将大数据优势转化为服务人民的优势,进一步实现社会治理的科技化与信息化;要广泛集中民智,了解不同社会群体的利益诉求,在民意基础上进行政策调整,使政策的出台更具针对性。比如,可以利用"两微一端"来汇集民意、集中民智,积极引导人民群众参与治理事务,增强人民群众的主人翁意识。二是利用大数据实现社会治理的专业化。积极推动"互联网+"的社会治理模式,推动不同地区、不同部门的互联网联通,打破"信息孤岛",强化信息共享,摆脱九龙治水式治理方式。与此同时,还要充分利用区块链、大数据、云计算、人工智能等现代科技,发挥数字治理的科技优势,提高社会治理效率。

(三)"共治"强调实现社会治理的制度化

制度是解决社会问题、社会矛盾的根本保障,是确保以人民为中心原则得以实现的长效机制。社会矛盾的解决需要依据法律制度妥善解决。一是深化社会治理的法制化。"法制化"是社会治理新格局的重要方面,也是建设中国特色社会主义法治国家的重要内容。因此,要坚持立法先行,加快社会治理领域的立法进程,进一步完善涉及公共安全、风险防控、基层社会治理等领域的法律法规建设,及时修订"不合时宜"的法律法规,提升社会治理的法制化水平。当前,我国的法制化进程还处于探索阶段,要进一步推动社会治理领域法律法规制定的速度,进一步完善智库支撑,提高社会治理的水平和效率,不断完善应急管理体系和风险治理机制。二是推动社会治理的法治化。利用法律手段进行社会治理,明确协同执法、监督执法、惩戒违法,实现从人治到法治的转化,规避经验主义式治理方式。此外,还要进一步加大普法宣传,让民众能够拿起法律武器维护自身利益、自觉遵守法律法规,进一步提升社会治理水平。

(四)"共治"强调基层自治的重要性

我国的群众主要来源于基层、生活在基层,也唯有搞好基层工作才能实现以人民为中心的治理旨归。一是推动完善基层自治。基层是一切工作的落脚点,社会治理的中心必须落实到城乡、社区,进一步推动社会治理重心下移,增强基层治理体系和治理能力现代化,增加基层民众的获得感、幸福感和安全感。有鉴于基层治理事务较为复杂琐碎,需要进一步完善由基层党组织领导的、基层政府主导的多方参与、共同治理的基层治理体系,完善和发展群众性自治组织的作用。二是积极推动社区治理建设。社区治理是社会治理的基础单元,是社会治理的"最后一公里"。要充分重视社区在推动社会治理以及缓解治理压力等方面的积极作用,加大对社区的资源投入力度,打通社会治理以及民生服务的"最后一公里",实现社会治理的高效化、精准化。与此同时,还要逐步完善基层会议制度、基层公开制度、基层监督制度,等等;不断创新基层民主表现形式,提高基层治理的科学化和专业化。另外,还要加强对基层民众的社会主义核心价值观宣传,不断提高基层民众的精神境界和文化素养,塑造良好的基层文化氛围。

三、共享强调共同享有治理成果

"共享"解决了社会治理为了谁的问题,唯有共享才能保障治理的成果为最广大人民群众所享有。"共享"是社会治理的最终目标,是社会主义的本质要求,是满足人民对美好生活向往的现实路径;它将社会治理的成果惠及广大人民,有助于增强人民群众的获得感、幸福感与安全感,促进人的全面发展和社会全面进步。

(一)"共享"强调创新保障民生的举措

民生问题是社会主义的最本质问题,也是当前社会治理的核心问题。党的十九大报告指出:"人民是历史的创造者,是决定党和国家前途命运的根本力量。必须坚持人民主体地位,坚持立党为公、执政为民,践行全心全意为人民服务的根本宗旨,把党的群众路线贯彻到治国理政全部活动之中。"①党的十九届五中全会强调:"坚持把实现好、维护好、发展好最广大人民根本利益作为发展的出发点和落脚点。"②改革开放以来,虽然我国的经济社会得到长足发展,但是在城乡、地域、社会群体等方面还存在一定差距,主要体现为:治理成果的普惠性和共享性不足,人民群众在生活、收入、教育、社会保障、医疗卫生等方面的诉求还没有能很好得到满足,等等。基于此,必须坚持从人民中来到人民中去的工作作风,坚持人

---

① 《习近平谈治国理政》第三卷,外文出版社2020年版,第16—17页。
② 中共中央党史和文献研究院编:《十九以来重要文献选编》(中),中央文献出版社2021年版,第808页。

民群众利益高于一切,将为人民谋幸福作为工作的出发点和落脚点,严抓政策落实,制定科学的工作责任机制,不断实现好、维护好和发展好最广大人民群众的利益。此外,还要将共享问题作为改善民生的重点,确保人民群众的基本生活保障;积极推动社会公共服务均等化,通过社会再分配来进一步维护社会公平正义,满足人民对美好生活的追求,带领人民群众走向美好生活。

(二)"共享"强调构建社会治理的制度顶层设计

制度保障是"共享"得以顺利实现的推进器;它有助于使全体人民意志、权利以及利益得到尊重,保证治理成果的普惠性。相关制度顶层设计主要包括:完善社会分配制度,充分发挥社会再分配的重要作用,确保先富带动后富,最终实现共同富裕;完善社会保障制度,加强社会保险制度建设,建立全覆盖、可持续的社会保障体系,增加社会救济的力度和精准度,提高人民的就业水平、养老条件以及医疗保障条件;完善社会福利制度,缩小贫富差距,保障社会充分就业;等等。这有助于增强资源配置的合理性和公平性。此外,要循序渐进推进"共享"发展,避免盲目扩张。尤其是在"后疫情时代",要逐步推进完善人民群众内部的风险响应机制、矛盾协调机制、安全防护机制,促进制度保障和治理效能的有机融合,保障人民群众的基本生活,让国家的惠民政策真正落到实处。

(三)"共享"强调保障低收入群体的基本生活

改革开放40多年来,我们党领导人民创造了经济发展的重要奇迹,保证了社会的长期稳定发展,社会治理也在此过程中不断完善。与此同时,我国社会面临的发展不均衡问题、城乡发展差距问题、民生保障问题也越发明显,这对社会治理产生了负面影响。因此,要着力保障和改善民生问题,尤其聚焦低收入群体的生存发展状况;将政策优惠向边远地区、西部边疆等地区倾斜,加强相关地区的基础设施建设,让治理成果更多惠及广大人民群众。此外,还要坚决落实国家扶贫政策,保证充分的社会就业,解决好先富带动后富的问题,尤其关照社会底层人员的利益诉求和基本权利,满足人民群众幼有所育、学有所教、劳有所得、病有所医、老有所养、住有所居、弱有所扶的现实诉求。

第三节　创新社会治理的动力机制和平衡机制

打造人民共建共治共享的社会治理格局,还需要在实践层面不断创新社会治理机制,尤其是动力机制和平衡机制,唯有如此才能为以人民为中心的社会治理提供持久活力。一是动力机制。它用以释放社会发展的能量,立足效率发展原则,以增强社会发展活力为基本目标。二是平衡机制。它用以保持社会发展各部分之间的协调和稳定,立足公平正义和安全秩序的基本原则,以增加和谐因素为基本目标。

一、发挥动力机制作用,关键在于激发社会组织活力

（一）正确处理政府和社会关系,加快实施政社分开

社会组织在当代中国已呈现蓬勃发展之势,但有些人还没有正确认识政府和社会之间的关系、对社会组织的认识也出现偏差。对社会组织存在两种普遍的错误观点。一种观点认为,社会组织在我国的社会政治生活中无足轻重,起不了什么作用,对我国的经济发展也没什么影响。这实际上还是计划经济体制下的思维方式。这种思维方式将"国家"定位

为"全能管家"，既能发展好经济，又能搞好政治建设，还能直接管理人民的生活。国家能总揽一切，管理好一切，所以没必要培育和发展社会组织。另一种观点则认为，对社会组织持害怕敌视的态度。一些人总认为社会组织发展强大起来，会影响到党的执政，会影响政府的控制力；社会组织会跟党和政府唱反调、对着干。特别是一些党员干部总是对社会组织持敌视态度，认为社会组织是西方的"舶来品"，充满了资产阶级政治色彩，对加强中国共产党的执政基础构成了威胁。他们总是把社会组织或民间组织一概看成是抵制或对抗政府的异己力量。

激发社会组织活力，不仅要破除以上两种错误观点，而且要在实践中不断实施政企分开。以往我们的社会组织即便不是政府主办的，也受到行政权力过多干涉，导致政社不分、责任不清，桎梏了社会组织发展的活力。激发社会组织活力必须使社会组织"去行政化"，成为真正具有民间性、独立性和自治性的组织。政府不是"全能管家"，要限制政府这只"看得见的手"，防止政府把"手"伸到社会组织中，适合由社会组织提供的公共服务和解决的事项，交由社会组织承担。凡适合社会组织承担的公共服务（以及其他事项），都可以通过竞争机制交由特定的社会组织承担。在社会组织能够承担的公共服务上，政府要做"甩手掌柜"，而不是"全能管家"。

（二）支持和发展志愿服务组织

志愿服务组织以奉献、友爱、互助、进步等精神为基本原则，它具有志愿性、无偿性、公益性、组织性等特征。国外志愿服务起步较早，相关组织也比较成熟。我国志愿服务活动起步很晚，是随着改革开放而发展起来的。我国志愿服务进入组织化、秩序化发展的阶段，始于1993年。这年年底，共青团中央开始组织实施中国青年志愿者行动，之后，志愿服务日益广泛发展，全社会对志愿服务的认知程度也大大提高。随着我国现代化进程不断加速,并向纵深发展,必然会出现许多社会问题。解决这些问题仅仅靠政府、市场和家庭是无法完成的,这还需要志愿组织的介入,需要发挥它们的社会作用。

（三）重点培育和优先发展四类社会组织

四类社会组织指行业协会商会类、科技类、公益慈善类、城乡社区服务类社会组织。这四类社会组织在满足相关法律法规的前提下,可以直接向民政部门依法履行申请登记。既要激发活力,也要加强管理。放手让社会组织自主发展、加强对社会组织的管理,两者是并行不悖的。要建立和健全社会组织法规政策体系,完善双重管理体制,依靠完善的登记审核机制、监管机制、评估机制,实现对社会组织的科学管理,让社会组织健康发展。要坚决取缔非法社会组织、坚决打击社会组织的非法活动,将其对社会治安和社会稳定的危害度降到最低。对在华境外非政府组织的管理是社会组织管理的重中之重。引导境外非政府组织依法、依"情"（我国的风俗习惯）开展活动。特别要防止境外非政府组织附加政治、宗教要求或者违反我国法律法规的条件下开展公益活动、合作项目。一个社会只有活力、没有和谐,只有发展、没有稳定,是不可能健康有序的。社会的和谐、稳定、安全秩序等都需要平衡机制发挥作用。平衡机制主要体现在:一是有效预防和化解社会矛盾,为社会和谐提供制度保障。二是建构公共安全体系,实现"安全""秩序"价值。

二、平衡机制在预防和解决社会矛盾方面的体现

（一）重大决策社会稳定风险评估机制

2008 年以来,我国好像进入多事之秋,重大群众性事件频频发生,究

其原因，大多是由于对涉及群众切身利益的重大工程、重大项目的论证、评估不够。可见，建立重大决策社会稳定风险评估机制对于化解社会矛盾、促进社会稳定具有重要意义。评估重大决策（重大工程、重大项目等）社会稳定风险关键在于：一是分析重大决策实施所在地经济、政治、社会环境和群众是否有足够的可承受力；二是考察重大决策本身的合理性、合法性，特别是重大决策、重大项目能否被利益相关人群所接受。重大决策社会稳定风险评估需要建立一个科学的分析体系，对评估主体、评估范围、评估流程、评估责任等要素进行系统分析。在当下，特别需要关注的是：一是实现重大决策的公开性、透明性，要将利益相关者尤其是重大事项涉及的群众代表设定为重要的评估主体，参与到评估工作中来。二是要把人民群众切身利益作为评估的最重要的内容。在涉及征地拆迁、环境影响、国有企事业单位改革、社会保障等事项上，以妥善解决群众利益为社会风险评估的出发点和落脚点。

（二）畅通有序的预防和化解社会矛盾机制

一般来说，预防和化解社会矛盾机制包括四个重要组成部分，其中首要的是诉求表达机制。马克思指出，人们奋斗所追求的一切，都同他们的利益有关。随着市场经济的发展，一个社会必然出现不同社会阶层、不同利益群体。不同社会阶层、利益群体都需要表达自己的利益诉求，希望自己的利益诉求进入到公共决策过程中。如果一个社会的利益表达渠道不通畅、沟通反馈机制不健全，就会导致社会利益关系的紧张、利益主体的不满，人们只能采取非理性的甚至是暴力的利益表达方式。因此，需要建立通畅的利益表达机制，通过人大、政协、人民团体、社会组织等利益表达的制度性平台，让不同社会阶层在法治框架内以平和的理性方式表达自己的诉求。特别需要注意的是，改革信访工作制度，实行网上受理信访制度,健全及时就地解决群众合理诉求机制。作为一种诉求表达机制,信访工作也要纳入法治轨道。

(三)心理干预机制

心理干预是社会心理学研究的重要命题。社会矛盾的产生与激化最终是通过具体行为人来实现的。心理因素是人们"失范"行为的重要诱因。通过心理干预,可以使处于心理危机状态的个人得到适当的心理咨询、疏导、调节甚至是治疗,从而摆脱心理危机,消除引发失范行为的心理诱因。随着社会的不确定性增多、竞争加剧,社会焦虑和心理疾病似乎成为一种常态。在这样的背景下,建立心理干预机制,对于促进人的全面健康发展、社会和谐稳定具有越来越重要的意义。

(四)矛盾调处机制

发展市场经济的前提条件是不同利益主体的存在。不同利益主体之间肯定会遇到利益矛盾、利益纠纷。要综合运用各种手段(如政策的、法律的、经济的、行政的、教育的手段)调处矛盾纠纷,让社会矛盾、利益纠纷在制度化、法治化轨道上得以化解。调处矛盾,重在机制改革和制度建设,尤其是要"完善人民调解、行政调解、司法调解联动工作体系,建立调处化解矛盾纠纷综合机制"[1]。要让人民调解向纵深发展,充分发挥人民调解的比较优势;要不断增强行政调解的公信力,改革行政复议体制,健全行政复议案件审理机制,纠正违法或不当行政行为;要坚持执法办案工作中调解原则的优先性。

---

① 中共中央文献研究室编:《十八大以来重要文献选编》(上),中央文献出版社2014年版,第540页。

（五）权益保障机制

预防和化解社会矛盾，最终还是要落实到保障群众基本权利和切身利益上来。要防止"公权力"对人民群众利益的侵犯，以制度形式限制、规范"公权力"，特别是在土地征用、房屋拆迁、企业改制、环境保护、社会保险等方面切实保障人民群众的合法权益。实现好、维护好、发展好群众利益不能仅仅依靠党性教育、为官伦理，根本的依靠力量只能是实实在在的机制、制度。离开了权益保障机制和制度，口号喊得再响，也无法阻挡不满情绪、社会矛盾的到来。

安全是人生存和发展的基本需求，秩序是人类社会良性运行的底线。安全、秩序等基本要素，都是通过社会的平衡机制提供的。此外，发挥平衡机制作用，需要建构公共安全体系，这里，不做具体展开，总体说来，它涉及五个方面的体制机制建设：一是完善食品药品安全监管制度；二是深化安全生产管理体制改革；三是健全防灾减灾救灾体制；四是创新立体化社会治安防控体系；五是完善互联网管理领导体制。

江山就是人民，人民就是江山。社会治理是巩固党的执政地位、维护国家安全的重要任务；是维护人民群众根本利益、提升人民群众获得感、幸福感、安全感的重要环节。以人民为中心是中国社会治理的核心密码，在新的历史起点上，我们要继续坚持好践行好以人民为中心的基本原则，这样才能更好地实现人民群众的美好生活，获得老百姓认同，为巩固党的执政地位和维护国家安全提供坚实基础。

第七章　构建人与自然和谐
共生的生态文明

　　中国共产党是全世界第一个将生态文明建设纳入行动纲领的执政党。党的十八大以来，以习近平同志为核心的党中央把生态文明建设作为关系中华民族永续发展的根本大计，作为统筹推进"五位一体"总体布局和协调推进"四个全面"战略布局的重要内容，摆在党和国家工作全局的突出位置，坚定走生产发展、生活富裕、生态良好的文明发展道路，提出了一系列新理念新思想新战略，开展了一系列根本性、开创性、长远性工作，一体治理山水林田湖草沙，为人民创造良好生产生活环境。党的十九大修改通过的党章增加"增强绿水青山就是金山银山的意识"等内容，2018年3月通过的宪法修正案将生态文明写入宪法，实现了党的主张、国家意志、人民意愿的高度统一。这顺应了人民群众对美好生活的期盼，体现了我们党对生态文明建设的高度重视，践行了我们党以人民为中心、全心全意为人民服务的宗旨，彰显了我们党的初心和使命。党的十八大以来，污染治理力度之大、制度出台频度之密、监管执法尺度之严、环境质量改善速度之快前所未有，推动生态环境保护发生了历史性、转折性、全局性变化，美丽中国画卷在神州大地徐徐展开。

第一节　以人民为中心的发展呼唤人与
自然和谐共生的生态文明

进入新时代,我国社会主要矛盾已经转化为人民日益增长的美好生活需要和不平衡不充分的发展之间的矛盾,其中一个重要方面就是人民对优美生态环境的需要与优质生态产品供给不足之间的矛盾。虽然早在1983年我国就已将环境保护确定为基本国策,但在多年的快速发展过程中我国积累了大量生态环境问题,而生态环境修复和改善是一个需要付出长期艰苦努力的过程,历史积累的生态环境问题难以在短期内得到彻底解决,生态文明建设仍然是一个明显短板,资源环境约束趋紧、生态系统退化等问题突出,特别是各类环境污染和生态破坏呈高发态势,成为国土之伤、民生之患、民心之痛。扭转生态环境恶化趋势日益成为人民的重大关切,成为我国经济社会客观高质量发展的必然要求。习近平总书记一再强调,良好生态环境是最公平的公共产品,是人民的共有财富,是最普惠的民生福祉,"如果经济发展了,但生态破坏了、环境恶化了,大家整天生活在雾霾中,吃不到安全的食品,喝不到洁净的水,呼吸不到新鲜的空气,居住不到宜居的环境,那样的小康、那样的现代化不是人民希望的"。①

人心是最大的政治,解决人民最关心、最直接、最现实的利益问题是我们党的使命所在。我们党作为全心全意为人民服务的马克思主义政党,发展经济和保护生态环境都是为了谋求和实现最广大人民的根本利

---

① 中共中央文献研究室编:《习近平关于社会主义生态文明建设论述摘编》,中央文献出版社 2017 年版,第 36 页。

益,回应人民的关切,满足人民的需要。生态环境是关系党的使命宗旨的重大政治问题,也是关系民生的重大社会问题。习近平总书记一再强调,环境就是民生,青山就是美丽,蓝天也是幸福,发展经济是为了民生,保护生态环境同样也是为了民生,要坚持生态惠民、生态利民、生态为民,重点解决损害群众健康的突出环境问题,积极回应人民群众对更高品质生活的新期待新要求,加快改善生态环境质量,推动自然资本大量增值,既要创造更多物质财富和精神财富以满足人民日益增长的美好生活需要,也要提供更多优质生态产品以满足人民日益增长的优美生态环境需要。这就要"正确处理经济发展和生态环境保护的关系,像保护眼睛一样保护生态环境,像对待生命一样对待生态环境,坚决摒弃损害甚至破坏生态环境的发展模式,坚决摒弃以牺牲生态环境换取一时一地经济增长的做法,让良好生态环境成为人民生活的增长点、成为经济社会持续健康发展的支撑点、成为展现我国良好形象的发力点"[1],"让老百姓呼吸上新鲜的空气、喝上干净的水、吃上放心的食物、生活在宜居的环境中、切实感受到经济发展带来的实实在在的环境效益"[2],让人民群众都享受到蓝天白云、繁星闪烁,清水绿岸、鱼翔浅底,鸟语花香、田园风光。因此,构建人与自然和谐共生的生态文明,是满足人民美好生活需要的必然要求,是以人民为中心的发展的重要组成部分,也是我们党赋行初心使命的重要体现。中国式现代化具有许多重要特征,其中之一就是人与自然和谐共生的现代化,注重同步推进物质文明建设和生态文明建设。这就需要全面贯彻新发展理念,形成节约资源和保护环境的空间格局、产业结构、生产方式、生活方式,统筹污染治理、生态保护、应对气候变化,促进生态环境持续改

---

① 中共中央文献研究室编:《习近平关于社会主义生态文明建设论述摘编》,中央文献出版社 2017 年版,第 37 页。

② 《习近平谈治国理政》第二卷,外文出版社 2017 年版,第 210 页。

善,建设人与自然和谐共生的现代化。

第二节　"生命共同体"理念与"两山论"
开启人与自然关系的新篇章

中国的生态文明建设是一个极其复杂的系统工程,只有在科学理论的指导下才能有序、有效开展,才能更好将以人民为中心的基本原则贯彻实施。习近平总书记创造性地发展马克思主义生态文明思想,创新性地继承中华文明中孕育的生态文化,站在坚持和发展中国特色社会主义、实现中华民族伟大复兴中国梦的战略高度,坚持以人民为中心,深刻回答了为什么建设生态文明、建设什么样的生态文明、怎样建设生态文明等重大理论和实践问题,系统形成了习近平生态文明思想,这一思想贯通了"人类社会"与"自然",为中国的生态文明建设提供了系统的、科学的理论。在这个理论的指导下展开的新时代生态文明实践,为实现人类永续发展与自然永续发展的统一,为建设"美丽中国"乃至"美丽地球",打下了坚实的基础,为坚持以人民为中心提供了中国治理的"生态"密码。

坚持人与自然的和谐共生是实现以人民为中心目标的重要基础。习近平总书记提出的"生命共同体"①理念为科学认识人与自然的关系给出了重要依据,为人与自然实现和谐统一、构建生态文明奠定了坚实的观念基础。一方面,只有顺应自然、呵护自然,才有人类自身的未来。人类

---

① "生命共同体"理念是习近平总书记于 2013 年 11 月 9 日在《关于〈中共中央关于全面深化改革若干重大问题的决定〉的说明》中首次提出的。在该说明中,习近平总书记指出,"山水林田湖是一个生命共同体,人的命脉在田,田的命脉在水,水的命脉在山,山的命脉在土,土的命脉在树。"见中共中央文献研究室编:《十八大以来重要文献选编》(上),中央文献出版社2014 年版,第 507 页。

及其一切创造都来自自然界,物质资料的生产和再生产以及人自身的生产和再生产,都以自然的存在和发展为前提,没有自然就没有人类本身。自然不仅给人类提供了生活资料来源,如肥沃的土地、鱼产丰富的江河湖海等,而且给人类提供了生产资料来源。[1] 以"人"为中心与以"自然"为中心在一定程度上是并行不悖的。自然物构成人类生存的自然条件,人类在同自然的互动中生产、生活、发展,保护自然就是保护人类,建设生态文明就是造福人类自身。以"人"为中心,不能以破坏自然为代价。人类只有遵循自然规律才能有效防止在开发利用自然上走弯路,"当人类合理利用、友好保护自然时,自然的回报常常是慷慨的;当人类无序开发、粗暴掠夺自然时,自然的惩罚必然是无情的。人类对大自然的伤害最终会伤及人类自身,这是无法抗拒的规律"[2]。只有与自然和谐相处,人类自身的发展才能持续,其水平和质量才能不断提升。另一方面,在科学理论的指导下,人类的活动也能反过来对自然产生正面作用。随着人类认识自然、改造自然能力的不断增强,现在的自然已不是原本意义上的自然,而是到处留下了人类印记的自然,即"人化自然"。当我们认识到了人与自然是生命共同体,并在实践中真正贯彻这种理念,就能够修复人与自然的关系,推动这种关系向更加和谐的方向发展,进而实现以"人"为中心与保护自然环境的辩证统一。这就突破了以往把自然只是当成为人类服务的"资源"和"环境"的观念,把人与人之间平等和谐、互惠共赢的理念推广到人与自然的关系之中。习近平总书记指出,"在整个发展过程中,我们都要坚持节约优先、保护优先、自然恢复为主的方针,不能只讲索取不讲投入,不能只讲发展不讲保护,不能只讲利用不讲修复,要像保护眼

---

[1]　习近平:《在纪念马克思诞辰 200 周年大会上的讲话》,人民出版社 2008 年版,第 21 页。

[2]　《习近平谈治国理政》第三卷,外文出版社 2020 年版,第 360—361 页。

晴一样保护生态环境，像对待生命一样对待生态环境，多谋打基础、利长远的善事，多干保护自然、修复生态的实事，多做治山理水、显山露水的好事，让群众望得见山、看得见水、记得住乡愁，让自然生态美景永驻人间，还自然以宁静、和谐、美丽。"①

人与自然和谐共生，是人类自身永续发展的根本条件，是人类长久福祉的基本前提，也是坚持以人民为中心的重要目标。早在 2005 年，时任浙江省委书记的习近平同志就提出了"绿水青山就是金山银山"的重要论断。绿水青山就是金山银山，阐述了经济发展和生态环境保护的关系，揭示了保护生态环境就是保护生产力、改善生态环境就是发展生产力的道理，指明了实现发展和保护协同共生的新路径，也不断增强了人民群众的获得感、幸福感、安全感。绿水青山既是自然财富、生态财富，又是社会财富、经济财富并最终可以归结为人民的财富。保护生态环境就是保护自然价值和增值自然资本，就是保护经济社会发展潜力和后劲，使绿水青山持续发挥生态效益和经济社会效益。"两山论"统一了社会生产力和生态生产力，是生态文明建设实践的理论基础，是对马克思主义关于人化自然和生产力理论的重大发展。这一思想提出，要提供更多优质生态产品以满足人民日益增长的优美生态环境需要。这一方面强调了进入新时代以后生态需要作为一种新的普遍需要的重要性，丰富了人的需要理论；另一方面把这种需要和自然紧密联系在一起，指明了能够满足这种需要的是自然所提供的生态产品，这种产品既不是物质产品也不是精神产品，但兼有物质产品和精神产品的功能，是最公平的公共产品。"两山论"丰富了马克思主义的生产力理论，也是坚持以人民为中心理念的生动体现展示了这样的美好愿景：人与自然的和谐关系反过来又会促进人类社会

---

① 《习近平谈治国理政》第三卷，外文出版社 2020 年版，第 361 页。

的发展,促进人与人的和谐,为全球生态安全作出贡献。

第三节　新时代生态文明建设的路径与成效

生态环境是人类生存和发展的根基,没有替代品,用之不觉,失之难存,而生态环境的变化则直接影响着文明兴衰演替,生态兴则文明兴,生态衰则文明衰。党的十八大以来,以习近平同志为核心的党中央保持战略定力,坚持节约资源和保护环境的基本国策,坚持节约优先、保护优先、自然恢复为主的方针,站在人与自然和谐共生的高度来谋划经济社会发展,全面推进生态文明建设。在"五位一体"总体布局中,生态文明建设是其中一位;在新时代坚持和发展中国特色社会主义的基本方略中,坚持人与自然和谐共生是其中一条;在新发展理念中,绿色是其中一项;在三大攻坚战中,污染防治是其中一战;在到本世纪中叶建成社会主义现代化强国目标中,美丽中国是其中一个。通过全面深化改革,中央加快推进生态文明顶层设计和制度体系建设,相继出台《关于加快推进生态文明建设的意见》《生态文明体制改革总体方案》,制订了40多项涉及生态文明建设的改革方案,从总体目标、基本理念、主要原则、重点任务、制度保障等方面对生态文明建设进行全面系统部署安排。党的十八大以来,全党全国推进生态文明建设的自觉性和主动性显著增强,绿水青山就是金山银山的理念得以普遍树立,忽视生态环境保护的状况明显改变,生态文明制度体系加快形成,主体功能区制度逐步健全,国家公园体制试点全面展开,全面节约资源有效推进,能源资源消耗强度大幅下降,生态环境整治全面加强,大气、水、土壤污染防治行动计划深入实施,重大生态保护和修复工程进展顺利,森林覆盖率持续提高,气候变化国际合作广泛开展,人民群众反映最强烈的突出环境问题得以逐步解决,美丽中国建设迈出重要步伐,中国成为全球生态文明建设的重要参与者、贡献者、引领者。

一、坚持推动绿色发展

绿色是生命的象征、大自然的底色、良好生态的标志,是美好生活的坚实基础、人民群众的殷切期盼。绿色发展是新发展理念之一,是建设美丽中国的重要途径。绿色发展意味着发展观的深刻变革,是从源头上解决生态环境问题、提升生态质量的根本性举措。实现绿色发展,需要综合统筹、协同联动、全面推进,实现生产方式和生活方式的绿色转型。

(一)构建国土空间开发保护新格局

立足资源环境承载能力,建立国土空间全方位开发保护制度,完善主体功能区配套政策,发挥各地区比较优势,促进各类要素合理流动和高效集聚,推动形成主体功能明显、优势互补、高质量发展的国土空间开发保护新格局,是在遵循自然规律的前提下合理开发利用自然的重大举措。主体功能区战略着眼于科学布局生产空间、生活空间、生态空间,平衡人口资源环境矛盾,提高资源利用效率,是构建全方位一体化的国土空间保护开发新格局的根本途径。根据全国整体发展规划及各地具体情况,我国国土空间按开发方式分为优化开发区域、重点开发区域、限制开发区域和禁止开发区域。要严格执行主体功能区规划,实现国家、省、市、县逐级分解落实。对禁止开发区域、限制开发区域严格守住底线,同时要落实问责机制,对于破坏阻碍国家主体功能区划定实施的行为给予惩罚。"十四五"规划指出,要顺应空间结构变化趋势,优化重大基础设施、重大生产力和公共资源布局,分类提高城市化地区发展水平,推动农业生产向粮食生产功能区、重要农产品生产保护区和特色农产品优势区集聚,优化生态安全屏障体系,逐步形成城市化地区、农产品主产区、生态功能区三大空间格局。[①]

(二)建立绿色低碳循环的经济体系

建立绿色低碳循环的经济体系是从源头上解决环境污染问题的治本之策。习近平总书记指出,"只有从源头上使污染物排放大幅降下来,生态环境质量才能明显好上去。重点是调结构、优布局、强产业、全链条。调整经济结构和能源结构,既提升经济发展水平,又降低污染排放负荷"[②]。我国多年形成的产业结构具有高能耗、高碳排放特征,高能耗工业特别是重化工业比重偏高。根本改善生态环境状况,必须改变过多依赖增加物质资源消耗、过多依赖规模粗放扩张、过多依赖高能耗高排放产业的发展模式。调整产业结构,一手要坚定不移抓化解过剩产能,一手要大力发展低能耗的先进制造业、高新技术产业、现代服务业,把推动发展的立足点转到提高质量和效益上来,把发展的基点放到创新上来,塑造更多依靠创新驱动、更多发挥先发优势的引领型发展,主要包括:减少过剩和落后产能,增加新的增长动能;实施传统产业生态化、循环化、低碳化转型发展,加快火电、钢铁等高排放行业超低排放改造,进行重污染行业达标排放改造;调整能源结构,推进煤炭清洁化利用,加快解决风、光、水电消纳问题,构建低碳能源体系;发展生态环境服务业,推广节能、节水服务产业等新型业态模式,培育壮大以新能源、新能源汽车、节能环保产业等以生态产业和产品为主体的产业,发展绿色建筑和低碳交通,发展生态有机农业。

---

① 《中华人民共和国国民经济和社会发展第十四个五年规划和 2035 年远景目标纲要》,人民出版社 2021 年版,第 87—88 页。

② 《习近平谈治国理政》第三卷,外文出版社 2020 年版,第 367 页。

（三）构建市场导向的绿色技术创新体系

绿色技术是指降低消耗、减少污染、改善生态,促进生态文明建设、实现人与自然和谐共生的新兴技术,包括节能环保、清洁生产、清洁能源、生态保护与修复、城乡绿色基础设施、生态农业等领域,涵盖产品设计、生产、消费、回收利用等环节的技术。绿色技术创新正成为全球新一轮工业革命和科技竞争的重要新兴领域。伴随我国绿色低碳循环发展经济体系的建立健全,绿色技术创新日益成为绿色发展的重要动力,成为打好污染防治攻坚战、推进生态文明建设、推动高质量发展的重要支撑。要以激发绿色技术市场需求为突破口,以壮大创新主体、增强创新活力为核心,以优化创新环境为着力点,强化产品全生命周期绿色管理,加快构建以企业为主体、产学研深度融合、基础设施和服务体系完备、资源配置高效、成果转化顺畅的绿色技术创新体系,形成研究开发、应用推广、产业发展贯通融合的绿色技术创新新局面。要尊重和把握绿色技术创新的市场规律,充分发挥市场在绿色技术创新领域、技术路线选择及创新资源配置中的决定性作用;充分发挥企业在绿色技术研发、成果转化、示范应用和产业化中的主体作用,培育发展一批绿色技术创新龙头企业,发挥企业的带动作用,推进"产学研金介"深度融合、协同创新;创新政府对绿色技术创新的管理方式,通过进一步强化服务、完善体制机制,提高绿色技术创新的回报率,激发创新活力,搭建科研院校与企业绿色技术交流平台,促进成果转化应用;面向市场需求促进绿色技术研发,设计技术研究路线,加大对绿色技术领域基础研究的投入;做好绿色技术创新风险兜底,完善知识产权保护制度,保护企业创新权益;加快发展绿色金融,引导金融机构加大对绿色技术的支持力度;加大绿色技术创新对外开放,积极引进、消化、吸收国际先进绿色技术,促进国内企业"走出去"。

（四）全面促进资源节约集约利用

资源是人类生存和发展的物质基础,节约资源是我国的基本国策。习近平总书记指出,"生态环境问题,归根到底是资源过度开发、粗放利用、奢侈消费造成的。资源开发利用既要支撑当代人过上幸福生活,也要为子孙后代留下生存根基。要解决这个问题,就必须在转变资源利用方式、提高资源利用效率上下功夫"①,要"改变传统的'大量生产、大量消耗、大量排放'的生产模式和消费模式,使资源、生产、消费等要素相匹配相适应,实现经济社会发展和生态环境保护协调统一、人与自然和谐共处"②。这就要树立节约集约循环利用的资源观,大力节约集约利用资源,实行最严格的耕地保护、水资源管理制度,强化能源和水资源消耗、建设用地等总量和强度双控管理,主要包括:重视资源利用的系统效率,推动资源利用方式根本转变,在资源开发利用过程中减少对生态环境的损害,加强全过程节约管理;严格执行《中华人民共和国节约能源法》,控制能源消费总量,全面推动重点领域低碳循环发展,支持节能低碳产业和新能源、可再生能源发展,确保国家能源安全,加强高能耗行业能耗管理,强化建筑、交通节能;严格税收制度,通过税收手段调节排放行为,完善市场化节能减排机制,推行阶梯电价、水价、气价,拉大阶梯价格差距;加强水源地保护和用水总量管理,推进水循环利用,建设节水型社会;严守耕地保护红线,严格保护耕地特别是基本农田,严格土地用途管制;加强矿产资源勘查、保护、合理开发,提高矿产资源勘查合理开采和综合利用水平;重视资源的再生循环利用,大力发展循环经济,推动各种废弃物和垃圾集中处理和资源化利用,促进生产、流通、消费过程的减量化、再利用、资源

①　中共中央文献研究室编:《习近平关于社会主义生态文明建设论述摘编》,中央文献出版社2017年版,第77—78页。

②　《习近平谈治国理政》第三卷,外文出版社2020年版,第367页。

化,用最少的资源环境代价取得最大的经济社会效益;逐步提高能效标准,做好市场导向,鼓励消费端选择高能效产品,逐步实现消费产品换代升级。

(五)划定和严守资源环境生态红线

资源环境生态红线包括生态保护红线、环境质量底线、资源利用上线三条红线,是保障和维护国家生态安全的底线和生命线,是调整经济结构、规划产业发展、推进城镇化不可逾越的红线,是健全生态文明制度体系、推动绿色发展的有力保障。

生态保护红线是指对维护自然生态系统服务,保障国家和区域生态安全具有关键作用,在重要生态功能区、生态敏感区、脆弱区等区域划定的最小生态保护空间。科学划定并严格管控生态保护红线,是守住自然生态安全边界的重要举措。要建立严格的管控体系,实现一条红线管控重要生态空间,确保生态功能不降低、面积不减少、性质不改变。截至2018 年 2 月,京津冀、长江经济带省(自治区、直辖市)和宁夏等 15 个省(自治区、直辖市)的生态保护红线已经划定。

环境质量底线是指为维护人居环境与人体健康的基本需要,必须严格执行的最低环境管理限值,要将生态环境质量只能更好、不能变坏作为底线,并在此基础上不断改善,对生态破坏严重、环境质量恶化的区域严肃问责。

资源利用上线是指为促进资源能源节约,保障能源、水、土地等资源安全利用和高效利用的最高或最低要求,不仅要考虑人类和当代的需要,也要考虑大自然和后人的需要,把握好自然资源开发利用的度,不要突破自然资源承载能力。

（六）推动形成绿色生活方式

生态文明建设同每个人息息相关，每个人都是生态环境的保护者、建设者、受益者。要加强生态文明宣传教育，在全社会牢固树立生态文明理念，把珍惜生态、保护资源、爱护环境等内容纳入国民教育和培训体系，纳入群众性精神文明创建活动，培养生态道德，形成全社会共同参与的良好风尚；要引导居民转变消费观念，倡导勤俭节约、绿色低碳消费，反对奢侈浪费和不合理消费，推广节能、节水用品和绿色环保家具、建材等，鼓励引导消费者购买节能环保再生产品，倡导重复使用和循环使用，推广绿色低碳出行，推动形成节约适度、绿色低碳、文明健康的生活方式和消费模式；广泛开展节约型机关、绿色家庭、绿色学校、绿色社区创建活动，通过生活方式绿色革命，让建设美丽中国成为全民自觉行动，倒逼生产方式绿色转型。

二、加强污染防治，全力解决突出环境问题

污染防治是全面建成小康社会的三大攻坚战之一。当前，生态文明建设正处于压力叠加、负重前行的关键期，也到了有条件有能力解决突出生态环境问题的窗口期。习近平总书记指出："生态保护和污染防治密不可分、相互作用。其中，污染防治好比是分子，生态保护好比是分母，要对分子做好减法降低污染物排放量，对分母做好加法扩大环境容量，协同发力。"①防治环境污染，既要"治标"，也就是治理当前污染，消除存量污染，也要"治本"，也就是预防未来污染，遏制污染蔓延，消除污染隐患。加强制度建设、构建长效机制是环境污染防治的治本之策。

---

① 《习近平谈治国理政》第三卷，外文出版社 2020 年版，第 370 页。

（一）优化环境影响评价机制

环境影响评价是对人类的生产和生活行为（包括项目建设和开发活动）可能对生态环境造成的影响，在环境质量检测和调查的基础上，运用模式计算和类比分析等技术手段的相关环境影响的程度进行分析、预测和评估，提出预防、减缓和抵消负面环境影响措施的技术方法。环境影响评价制度是法律确立的规定环境影响评价的范围、内容和申报程序的具有强制约束力的环境管理制度。建立建设项目环境影响评价制度，目的在于推动实现我国从环境管理到环境治理的转变，促进环境影响评价从管制经济发展到服务经济发展的转变。在实践过程中，作为我国源头治理的重要制度安排，环境影响评价制度在保护环境和促进发展两方面的平衡中不断深化和完善，其制度创新和变革主要表现在以提高环境影响评价文件质量为核心的实务管理创新。环境评价方面的审批制度改革、"环保管家"体制探索，以及环境保护线上、线下的服务平台的机制建设，将环境影响评价制度改革完善推上一个新的高度。一是下放审批管理权限，缩短审批时间。一系列审批工作被调整为备案工作，大幅度减少了审批项目数量，实现了工作的环节精简，减少了多余的工作量。取消环境影响评价资质管理，放开、净化和规范环境影响评价编制市场，切实激发市场活力。改革之后的审批工作实现环境影响评价文件的受理、转办、评估、审查等环节同步进行。二是推动"环保管家"体制改革的探索。三是建设项目环境信息公开平台和环境保护网上技术平台等机制探索，使企业环保制度更加规范，污染防治设施运行维护更加充分合理，环境风险应对更加及时，为企业发展解除了环境保护方面的后顾之忧。①

---

① 张占斌、薛伟江主编：《当代中国国家治理概论》，中共中央党校出版社2021年版，第263—264页。

（二）强化固体废物管理的制度保障

固体废物污染环境防治是打好污染防治攻坚战的重要内容,事关人民群众生命安全和身体健康。近年来,我国固体废物污染防治在社会职责分工、法规标准政策、利用处置能力和社会监督机制等方面打下了良好基础,但也面对着固体废物产生量巨大、利用处置能力结构失衡、处理利用水平不高、监管能力薄弱等问题。当前,我国还处于工业化和城镇化发展的上升期,固体废物每年的产生量大、历史积存量多,固体废物种类和数量都呈现出不断增长的趋势,固体废物环境事件也进入了高发期,非法转移、倾倒屡禁不止,固体废物的污染风险隐患加剧。新形势下,如何突破固体废物污染防治"瓶颈",全面提升固体废物污染防治水平,成为亟待解决的重要问题。2019 年 6 月,国务院常务会议审议通过《中华人民共和国固体废物污染环境防治法(修订草案)》,2020 年 4 月 29 日,十三届全国人大常委会第十七次会议审议通过了修订后的固体废物污染环境防治法,自 2020 年 9 月 1 日起施行,该法被称为"史上最严固废法"。

（三）全面推进重点领域污染防治

在 2018 年全国生态环境保护大会上的讲话中,习近平总书记指出,"当前,重污染天气、黑臭水体、垃圾围城、农村环境已成为民心之痛、民生之患,严重影响人民群众生产生活,老百姓意见大、怨言多,甚至成为诱发社会不稳定的重要因素,必须下大气力解决好这些问题。"①环境保护和治理要以改善生态环境质量为核心,以解决人民群众反映强烈的大气、水、土壤污染等突出问题为重点,坚持预防为主、综合治理,大力推进环境污染防治。

---

① 《习近平谈治国理政》第三卷,外文出版社 2020 年版,第 368 页。

1. 强化区域大气污染防治

打赢蓝天保卫战是党的十九大作出的重大战略部署,是补齐经济社会发展短板、推动产业转型升级、实现高质量发展的重要抓手,是衡量全面建成小康社会的标志性战役之一。

关于未来五年的大气污染防治重点及目标,"十四五"规划指出,要加强城市大气质量达标管理,推进细颗粒物($PM_{2.5}$)和臭氧(O_3)协同控制,地级及以上城市 $PM_{2.5}$ 浓度下降 10%,有效遏制 O_3 浓度增长趋势,基本消除重污染天气。持续改善京津冀及周边地区、汾渭平原、长三角地区空气质量,因地制宜推动北方地区清洁取暖、工业窑炉治理、非电行业超低排放改造,加快挥发性有机物排放综合整治,氮氧化物和挥发性有机物排放总量分别下降 10% 以上。[1] 在环境基础设施方面,"十四五"规划指出,要推进城镇污水管网全覆盖,开展污水处理差别化精准提标,推广污泥集中焚烧无害化处理,城市污泥无害化处置率达到 90%,地级及以上缺水城市污水资源化利用率超过 25%。[2]

2. 加强水污染防治

水是生命之源,水环境保护事关人民群众切身利益。当前,我国一些地区水环境质量差、水生态受损重、环境隐患多等问题十分突出,影响和损害群众健康,不利于经济社会持续发展。2015 年 4 月国务院印发的《水污染防治行动计划》(以下简称《水十条》)提出:以改善水环境质量为核心,按照"节水优先、空间均衡、系统治理、两手发力"原则,贯彻"安全、清洁、健康"方针,强化源头控制,水陆统筹、河海兼顾,对江河湖海实

---

[1] 《中华人民共和国国民经济和社会发展第十四个五年规划和 2035 年远景目标纲要》,人民出版社 2021 年版,第 115 页。

[2] 《中华人民共和国国民经济和社会发展第十四个五年规划和 2035 年远景目标纲要》,人民出版社 2021 年版,第 116 页。

施分流域、分区域、分阶段科学治理,系统推进水污染防治、水生态保护和水资源管理。根据《水十条》,水污染防治的总体要求是:坚持政府市场协同,注重改革创新;坚持全面依法推进,实行最严格环保制度;坚持落实各方责任,严格考核问责;坚持全民参与,推动节水洁水人人有责,形成"政府统领、企业施治、市场驱动、公众参与"的水污染防治新机制,实现环境效益、经济效益与社会效益多赢。

3. 开展土壤污染治理和修复

土壤是经济社会可持续发展的物质基础,关系人民群众身体健康,保护好土壤环境是推进生态文明建设和维护国家生态安全的重要内容。当前,我国土壤环境总体状况不容乐观,部分地区污染较为严重,已成为绿色发展的突出短板之一。2016 年 5 月国务院印发的《土壤污染防治行动计划》(以下简称《土十条》)提出:以改善土壤环境质量为核心,以保障农产品质量和人居环境安全为出发点,坚持预防为主、保护优先、风险管控,突出重点区域、行业和污染物,实施分类别、分用途、分阶段治理,严控新增污染、逐步减少存量,形成政府主导、企业担责、公众参与、社会监督的土壤污染防治体系,促进土壤资源永续利用。《土十条》提出了土壤污染防治的主要指标要求:到 2020 年,受污染耕地安全利用率达到 90% 左右,污染地块安全利用率达到 90% 以上;到 2030 年,受污染耕地安全利用率达到 95% 以上,污染地块安全利用率达到 95% 以上。《土十条》确定了推进土壤污染防治立法、实施农用地分类管理、强化未污染土壤保护、加强土壤污染源监管、开展污染治理与修复等十项任务。至 2020 年年底,我国受污染耕地安全利用率达到 90% 左右,污染地块安全利用率达到 93%以上,达到了《土十条》设定的预期目标。

4. 积极参与全球环境治理,应对气候变化

建设美丽家园是人类的共同梦想。面对生态环境挑战,人类是一荣

俱荣、一损俱损的命运共同体,没有哪个国家能独善其身。中国积极参与全球环境治理,倡导国际合作,应对气候变化、海洋污染、生物保护等全球性环境问题,推动人与自然生命共同体建设。为共同应对气候变化,中国积极推动共建公平合理、合作共赢的全球气候治理体系。2015 年联合国气候变化大会达成了具有里程碑意义的《巴黎协定》,中国为该协定的达成、签署、生效和实施作出了历史性的贡献。2020 年,中国碳排放强度相比 2005 年下降 48.4%,超额完成 2015 年中国向国际社会承诺的下降40%—45%的目标。多年来,中国政府认真落实气候变化领域南南合作政策承诺,支持发展中国家特别是最不发达国家、内陆发展中国家、小岛屿发展中国家应对气候变化挑战。为加大支持力度,中国在 2015 年 9 月宣布设立 200 亿元人民币的中国气候变化南南合作基金,并于 2016 年启动在发展中国家开展十个低碳示范区、一百个减缓和适应气候变化项目及一千个应对气候变化培训名额的合作项目,继续推进清洁能源、防灾减灾、生态保护、气候适应型农业、低碳智慧型城市建设等领域的国际合作,并帮助他们提高融资能力。2021 年,中国与 28 个国家共同发起"一带一路"绿色发展伙伴关系倡议,呼吁各国应根据公平、共同但有区别的责任和各自能力原则,结合各自国情采取气候行动以应对气候变化。

三、建立自然资源的高效利用制度和监管体制

自然资源是生态系统的基本要素,也是生产和生活的重要物质源泉。全面建立资源高效利用制度和监管体制,根本目的在于改善资源约束趋紧的局面,兼顾长远利益与短期利益、局部利益与全局利益,以资源的可持续利用支撑经济社会可持续发展。2018 年国家机构改革中新组建了自然资源部和由其管理的国家林业和草原局,统一行使全民所有与自然

资源资产所有者职责及所有国土空间用途管制和生态保护修复职责,实现对山水林田湖草沙等自然要素及生态系统的用途管制和综合治理。面对新时期资源环境挑战,更需要夯实资源管理制度基础,建立资源高效利用长效机制,不断提升资源治理效能。自然资源的高效利用制度,至少包括自然资源的产权制度、资产管理制度、监督体制。

（一）建立健全自然资源产权制度

自然资源产权是对自然资源所有、使用、处分和收益等权利的规范与约束,自然资源资产产权制度就是关于自然资源资产产权主体、客体、权利内容的设立、取得、变更、流转和保护等的一系列规范的总称。我国自然资源管理进程中,长期存在资源资产所有权人不到位、权益落实难等问题,导致资源无序开发、保护不力。党的十八届三中全会明确提出建立自然资源资产产权制度,这是资源资产化、资源保护权责明晰等一系列资源管理工作的基础。党的十八届三中全会开启了我国自然资源资产产权制度改革实践和探索工作,随后出台的一系列文件从法律法规、具体措施等方面推动资源产权制度改革不断完善。

2019年4月,中共中央办公厅、国务院办公厅印发了《关于统筹推进自然资源资产产权制度改革的指导意见》,该文件延续了《生态文明体制改革总体方案》提出的健全产权体系、确权登记等基础性工作,继续推进自然资源资产管理体制、分级行使所有权体制等内容,更加突出依托国土空间规划的资源整体保护、统一调查监测评、价格融合市场机制和政府监管,体现了资源管理和生态保护的系统性思维,以及统筹保护和发展的可持续发展思维;更加强调党的领导、健全法律体系,不断提升以法治为基础的资源治理体系。

（二）建立健全自然资源资产管理制度和监管体制

自然资源资产管理旨在实现资源有偿使用，维护资源财产权益；资源监管体制解决的是资源无序利用的"市场失灵"问题。建立自然资源资产管理制度和资源监管体制，明确国土空间的自然资源资产所有者、监管者及其责任，是实现资源资产价值的重要保障，是确保自然资源管理"两统一""两职责"得到落实的具体措施。

资源所有者与监管者分开是资源资产管理和保护工作的一项重大改革。2016 年 12 月中央全面深化改革领导小组第三十次会议审议通过了《关于健全国家自然资源资产管理体制试点方案》，提出按照所有者和管理者分开和一件事由一个部门管理的原则，将所有者职责从自然资源管理部门分离出来，集中统一行使，负责各类全民所有自然资源资产的管理和保护。2017 年印发的《关于创新政府配置资源方式的指导意见》，要求区分自然资源资产所有者和监管者职能，依照法律规定，由国务院代表国家行使所有权，探索建立中央和地方政府分级代理行使所有权职责体制。党的十九大报告首次提出设立国有自然资源资产管理和自然生态监管机构，整合分散的全民所有自然资源资产所有者职责，符合山水林田湖草沙系统治理的要求。这一体制改革体现了生态系统综合性和监管综合性，避免了以往"九龙治水"式多头监管和"碎片化"监管问题。

目前，我国基本摸清了主要门类的自然资源数量，建立了不同门类自然资源的调查评价、监测统计、区划规划、用途管制、节约集约利用、资源保护、生态修复、考核评价、确权登记、有偿使用等管理制度体系；为自然资源部门"统一行使全民所有自然资源资产所有者职责，统一行使所有国土空间用途管制和生态保护修复职责"提供了有利的体制机制保障。①

---

① 参见张占斌、薛伟江主编：《当代中国国家治理概论》，中共中央党校出版社 2021 年版，第 266—269 页。

四、加强生态系统的保护和修复

生态是统一的自然系统,是不同形式的各种自然要素相互联系、相互影响、相互依存而实现循环的自然链条,由山、水、林、田、湖、草、沙组成的系统,各个因子之间,存在复杂的相互依存、相互促进、相互制约的关系。"生命共同体"理念要求从过去的单一要素保护修复转变为以多要素构成的山水林田湖草沙系统治理与保护修复。在生态环境的治理与修复中必须将山水林田湖草沙作为一个完整的生态系统,以系统思维和系统工程实施整体保护修复,以实现生态系统的整体功能提升与质量改善。

(一)建立健全生态保护和修复制度

在生态保护与修复工作中,必须以系统思维推进系统工程。为切实推进我国生态系统的保护与修复工作,自党的十八大以来,中央及相关各部委出台了一系列的法规、政策与制度,分别从矿山、天然林、草原、耕地、跨流域的河湖等方面积极探索治理方案与管护措施。从 2016 年出台的《探索实行耕地轮作休耕地制度试点方案》《关于加快建立流域上下游横向生态保护补偿机制的指导意见》《关于健全生态保护补偿机制的意见》,到 2019 年颁布的《关于促进林草产业高质量发展的指导意见》《关于建立以国家公园为主体的自然保护地体系的指导意见》等,相关政策的实施与推行,充分体现了我国在推进生态文明建设方面的力度与决心。在生态补偿方面,"十四五"规划专门指出,要"加大重点生态功能区、重要水系源头地区、自然保护地转移支付力度,鼓励受益地区和保护地区、流域上下游通过资金补偿、产业扶持等多种形式开展横向生态补偿。完善市场化多元化生态补偿,鼓励各类社会资本参与生态保护修复。完善森林、草原和湿地生态补偿制度。推动长江、黄河等重要流域建立全流域生态补偿机制。建立生态产品价值实现机制，在长江流域和三江源国家公园等开展试点。制定实施生态保护补偿条例。"[①]在进一步健全生态保护和修复制度方面，必须从全局角度寻求新的治理之道，坚持用系统思维统筹生态环境问题的治理与修复，实现"多规合一"，以筑牢生态安全屏障。

（二）实施生态保护与修复工程

在具体的生态保护与修复工作中，以矿山环境治理恢复、土地整治与土壤污染修复、流域水环境保护治理、区域生态系统综合治理修复等为重点内容，以景观生态学方法、生态基础设施建设、近自然生态化技术为主流技术方法，因地制宜设计实施路径。同时，在我国重点区域实施重大生态系统保护和修复工程，以生态系统治理体系和治理能力现代化提升生态系统健康与永续发展水平，不断满足人民日益增长的优美生态环境需要。例如，加强长江、黄河等大江大河生态保护和系统治理，开展大规模国土绿化行动，加快水土流失和荒漠化、石漠化综合治理，保护生物多样性，筑牢生态安全屏障。除国家重大项目外，全面禁止围填海。目前，通过大江大河的修复以及生态保护补偿试点等制度的实施，跨流域跨地区的水生态系统治理已取得了较好的成效，天保工程的成功实施也让我国天然林得到了有效的休养生息，草原与矿山的治理还在进一步的完善当中，而耕地的保护与修复则需要各地严格控制增量用地、积极盘活存量用地、节约集约用地，以确保我国耕地的安全。

---

① 《中华人民共和国国民经济和社会发展第十四个五年规划和2035年远景目标纲要》，人民出版社2021年版，第113页。

（三）构建以国家公园为主体的自然保护地体系

目前,我国已建立了以自然保护区为主体的众多自然保护地,但孤立、零散的自然保护地难以满足全面生态需求。构建以国家公园为主体、自然保护区为基础、各类自然公园为补充的自然保护地体系,有利于从宏观的尺度维护生态系统的多样性。要以加强自然生态系统原真性、完整性保护为基础,以实现国家所有、全民共享、世代传承为目标,构建统一规范高效的中国特色国家公园体制,建立分类科学、保护有力的自然保护地体系,突出对自然生态系统的严格、整体和系统保护,把最脆弱、最美丽、最需要保护的地方保护起来。2013 年 11 月,党的十八届三中全会首次提出"建立国家公园体制",并将其作为我国生态文明体制改革的重点任务。2017 年 9 月 26 日,中共中央办公厅、国务院办公厅印发并实施《建立国家公园体制总体方案》,合理划分了中央和地方事权,构建主体明确、责任清晰、相互配合的国家公园中央和地方协同管理机制;明确除不损害生态系统的原住民生产生活设施改造和自然观光、科研、教育、旅游外,禁止其他开发建设活动。2019 年 6 月 16 日,中共中央办公厅、国务院办公厅印发了《关于建立以国家公园为主体的自然保护地体系的指导意见》,提出了以国家公园为主体的自然保护地体系的阶段性建设目标:2020 年完成试点、2025 年初步建成、2035 年全面建成。截至 2021 年 10 月,中国已设立三江源、大熊猫、东北虎豹、海南热带雨林、武夷山等第一批国家公园,保护面积达 23 万平方公里,涵盖近 30%的陆域国家重点保护野生动植物种类。

（四）打造生态廊道,构建生物多样性保护网络

生物多样性是指地球生物圈中所有的生物,即动物、植物、微生物以及它们所拥有的基因和生存环境,是人类赖以生存的重要条件,是经济社

会持续稳定发展的物质基础,是生态安全和粮食安全的重要保障。中国高度重视生物多样性保护,是最早加入《生物多样性公约》的国家之一。2021年10月11日,《生物多样性公约》第十五次缔约方大会(COP15)在云南昆明开幕,大会主题为"生态文明:共建地球生命共同体",这是联合国环境公约缔约方大会首次将"生态文明"作为大会主题。生物廊道是指在生态环境中呈线性或带状布局、能够沟通连接空间分布上较为孤立和分散的生态单元的生态系统空间类型,可以把分散的动物栖息地连接起来,具有保护生物多样性、防止水土流失、过滤污染物、防风固沙、调控洪水等多种生态功能,是山水林田湖草沙完整生态系统的重要组成部分。目前中国主要在以下几个层面上推进生态廊道建设:长江经济带等区域生态廊道、基于国家顶层设计的国家大尺度生态廊道、"一带一路"等跨境生态廊道。各个层面上生态廊道的建设,有力地推动了我国生物多样性保护网络的形成和完善。

五、建立健全生态文明监督考核体系与担责机制

生态文明监督考核体系与担责机制是确保生态文明建设取得实效的重要保障。我国在生态环境保护责任制度方面已经进行了一系列改革创新探索,接下来应进一步完善生态文明目标考核制度,全面实行生态环境损害责任终身追究制度,完善自然资源资产负债表的编制与运用,广泛开展领导干部自然资源资产离任审计,健全环境保护管理制度。对领导干部来说,实行生态环境损害责任终身追究制,能够强化领导干部树立权责一致的意识,规范领导干部环境决策行为,最终推动环境决策科学化和法治化。

（一）建立生态文明目标考核体系

生态文明目标考核体系创新旨在建立体现生态文明的目标体系、考核办法、奖惩机制，有利于促进党政领导干部树立绿色的政绩观和发展观。2015 年国务院印发了《生态文明体制改革总体方案》，方案提出"建立生态文明目标体系。研究制定可操作性、可视化的绿色发展指标体系、生态文明建设目标评价考核办法，把资源消耗、环境损害、生态效益纳入经济社会发展评价体系。根据不同区域主体功能定位，实行差异化绩效评价考核"，其核心目的是改变以国内的生产总值为单一"指挥棒"的现状，让生态文明目标评价考核结果发挥重要作用，使其成为领导干部的综合考核评价以及干部奖惩、任免的重要依据。生态文明建设要想真正落在实处，就必须建立和完善生态文明目标考核体系，使其成为全国生态文明建设的"指挥棒"。2016 年国务院发布的《生态文明建设目标评价考核办法》中提出："生态文明建设目标评价考核在资源环境和相关的生态领域基础上综合开展并采取评价和考核相结合的方式，实行年度评价、五年考核"，随之《生态文明建设考核目标体系》和《绿色发展指标体系》也正式发布，"一个办法、两个体系"的制定成为我国生态文明建设目标考核工作开展的重要依据。[①]

（二）探索编制自然资源资产负债表

自然资源资产负债表是我国健全自然资源资产管理制度的重要内容，同时也是我国生态文明体制改革的重要基础。探索编制自然资源资产负债表，可为生态环境损害责任终身追究制和领导干部自然资源资产离任（任中）审计的实行提供技术支撑，也可为生态文明目标考核体系提

---

① 张占斌、薛伟江主编：《当代中国国家治理概论》，中共中央党校出版社 2021 年版，第271 页。

供依据。领导干部自然资源资产离任审计、生态环境损害责任终身追究等诸多工作都以其为支撑才能得以开展。2013年，党的十八届三中全会通过了《中共中央关于全面深化改革若干重大问题的决定》，其中明确提出"加快建立国家统一的经济核算制度，编制全国和地方资产负债表"及"探索自然资源资产负债表，对领导干部实行自然资源资产离任审计"的要求。2014年起至今，全国各地区先后开展了自然资源资产负债表编制的相关研究，并在试点地区探索负债表的实际应用，逐渐形成一套较为成熟的自然资源资产负债表编制方法和应用模式。目前，我国自然资源资产负债表框架、价值核算等研究已在一定程度上达成共识，对自然资源资产负债表的研究呈纵深研究趋势，基于我国生态文明建设对自然资源核算的新需求对自然资源负债进行了界定，以法定责任和底线任务的标准提出了自然资源负债的确认原则，为我国自然资源资产负债表编制的"难题"提供了一种新的解决方案。①

（三）开展领导干部自然资源资产离任审计

现行的审计制度是党和国家监督体系的重要组成部分。为促进自然资源节约集约利用和生态环境安全，推动领导干部切实履行自然资源资产管理和生态环境保护责任，需创新建立符合我国国情的中国特色社会主义审计制度。开展领导干部自然资源资产离任审计既是我国生态文明制度建设的重要内容，可促进自然资源节能集约利用和生态环境安全，可促进领导干部切实履行资源环境保护责任，是完善我国自然资源和生态环境监管体制的保障，也是中国特色社会主义审计制度的重要内容。《生态文明体制改革总体方案》作为生态文明制度建设的顶层设计，明确

①　张占斌、薛伟江主编：《当代中国国家治理概论》，中共中央党校出版社2021年版，第271—272页。

要求将领导干部自然资源资产离任中审计纳入完善生态文明绩效评级考核和责任追究制度之中,将其列为生态文明制度"四梁八柱"体系的重要内容。

(四)建立健全中央生态环境保护督察制度

完善自然资源和生态环境监管体制,健全环境保护管理制度,是生态文明建设的坚实保障,是为了适应人民群众日益增长的生态环境需求和爆发式增长的环境监管执法任务而出台,是各项生态环境保护责任制度推出的坚实保障。其中,中央环境保护督察制度就是环境保护管理制度的重要内容。中央环境保护督察制度是指国家有关机构对法律法规、政策标准的实施现状,以及对严重污染事件、生态环境损害事件的处理情况进行监督和检查的行为规范,是中共中央及国务院推进生态文明建设的一项重大制度安排。生态环境保护督察制度具有以下功能:有效监督并反馈各个地方对国家环境法律法规、政策、环境标准的执行情况,及时处理相关环境污染现象,更好处理生态破坏事件,实现跨区域的环境污染和生态破坏的协同处理。

党政同责、一岗双责,是中央环境保护督查最核心的准则,集中体现了地方党委和政府在生态环境保护具体工作中的职责与关系。2015 年 7 月,中央全面深化改革领导小组第十四次会议审议通过了《环境保护督察方案(试行)》环保督察机制在此次会议中鲜明地被提出,该机制要求各地方党委及政府环境保护的主体责任,必须切实推动生态文明建设、实现绿水青山就是金山银山的美好蓝图。2015 年年底,第一轮中央环境保护督察成功启动,实现了对 31 个省份以及新疆生产建设兵团的全覆盖,20 个省份成功开展了"回头看",专项督察紧紧围绕污染防治 7 大标志性攻坚战役和有关突出领域系统展开。2019 年 6 月,生态环境保护督察制度的建设进行到了试点阶段并取得了阶段性的成果,中共中央及国务院印发了《中央生态环境保护督察工作规定》,明确规定生态环保督察的基本任务,规范了环保督察的主要内容、详细划分督察有何职责,清晰界定了督察权限,明确介绍了督察程序。

（五）建立政府、企业、社会、公众参与的监督治理体系

治理主体既合作互动又相互监督制约,才能共同保护好生态环境。生态文明建设应从政府主导的局面,转向"政府负责、企业实施、社会协同、公众参与"的模式,形成政府、企业、社会、公民共担责任、共同参与的格局。在多元主体的共同参与下,需要明确各主体在生态文明建设中的职责。要发挥政府各部门职能,推进环境公益项目实施,完善环境督察机制;充分发挥市场作用,引导企业实施生态项目;积极培育社会组织力量,激发社会组织活力,推动社会参与,有效引导社会组织在环境保护志愿服务供给中的作用,弥补政府供给的缺位或低效,提高生态环境治理水平。此外,还要在政府职能转变、企业环境意识培育、社会多渠道参与等方面进一步深化改革,不断完善我国生态文明治理体系。①

---

① 中共中央党校（国家行政学院）编:《习近平新时代中国特色社会主义思想基本问题》,人民出版社、中共中央党校出版社 2020 年版,第 329—330 页。

第八章　营造符合最广大人民利益的内外部条件

推进国家治理体系和治理能力现代化,营造稳定和谐的内外部发展环境是重要内容。维护具有中国特色的国家治理环境需坚持三项原则:奉行符合最广大人民利益的内外政策,把增进人民福祉、促进人的全面发展作为营造稳定和谐的内外部发展条件的根本出发点和落脚点;必须以人民为主体,全心全意依靠人民群众,激发人民的主体意识,凝聚治理政策的集体智慧;必须以人民为目标,顺应人民对美好生活的向往,坚持共享发展,人民群众从优化国家治理的内外部环境中有更多获得感。这些宝贵经验,充分体现在军队建设、港澳台事务和独立自主的外交工作中。

第一节　维护人民军队政治本色、坚持党指挥枪

坚持以人民为中心的治理理念,是我国国家制度和国家治理体系的显著优势。在国防和军队建设方面,突出表现为"坚持党指挥枪,确保人民军队绝对忠诚于党和人民,有力保障国家主权、安全、发展利益

的显著优势"①。习近平总书记指出，"党对军队的绝对领导是中国特色社会主义的本质特征，是党和国家的重要政治优势，是人民军队的建军之本、强军之魂"②。面对国家安全环境的深刻变化和强国强军的时代要求，党的十九届四中全会作出具体部署，要坚持人民军队最高领导权和指挥权属于党中央，健全人民军队党的建设制度体系，把党对人民军队的绝对领导贯彻到军队建设各领域全过程，把人民军队全面建成世界一流军队，永葆人民军队的性质、宗旨、本色。

一、人民军队最高领导权和指挥权属于党中央

绝对忠诚是人民军队第一位的政治品格。确保人民军队绝对忠诚于党和人民，是坚持党对人民军队绝对领导的必然要求，是我军不断从胜利走向胜利的根本保证，也是我国国家制度和国家治理体系的显著优势。当前，国防和军队建设正站在新的历史起点上，只有始终坚持党指挥枪，确保人民军队绝对忠诚于党和人民，我军才能军魂不变、宗旨不忘、本色不褪。

人民军队领导权和指挥权，关乎党和国家前途命运。古语云，国家大柄，莫重于兵。人民军队在维护社会主义红色江山中的作用不言而喻，党对人民军队的绝对领导不容置疑。人民军队是中国特色社会主义的坚强柱石，党对人民军队的绝对领导是人民军队的建军之本、强军之魂。人民军队领导权和指挥权，关乎党和国家前途命运，关乎中国特色社会主义事业发展。党对军队绝对领导的根本原则和制度，核心是军队最高领导权和指挥权属于党中央。我们的军队是人民军队，我们的国防是全民国防。

---

① 《十九大以来重要文献选编》（中），中央文献出版社 2021 年版，第 271 页。
② 《十八大以来重要文献选编》（下），中央文献出版社 2018 年版，第 816 页。

因此,有灵魂、有本事、有血性、有品德,造就了人民军队对党的赤胆忠心,造就了人民军队和人民的鱼水情谊,造就了人民军队为党和人民勇往直前的品格。

党章和宪法明确:"中国共产党坚持对人民解放军和其他人民武装力量的绝对领导""中华人民共和国中央军事委员会领导全国武装力量""中央军事委员会实行主席负责制"。事在四方,要在中央。党中央具有一锤定音、定于一尊的权威。党章和宪法从根本上规定了人民军队最高领导权和指挥权属于党中央。面对强国强军的时代要求,面对国家安全环境的深刻变化,只有始终坚持人民军队最高领导权和指挥权属于党中央,坚持党对军队绝对领导的一系列原则和制度,才能把党的政治优势和组织优势转化为制胜优势,使人民军队始终在党的指引下前进。坚持党对人民军队的绝对领导,"绝对"二字最关键,强调的就是唯一性、彻底性和无条件性。

党对人民军队的绝对领导的制度,既是军队建设的基本经验,也是历史的选择、人民的选择。这一制度发端于南昌起义,奠基于三湾改编,定型于古田会议,丰富发展于党领导人民军队革命、建设和改革的伟大实践。党指挥枪、党对军队的绝对领导,在我党我军的历史中一再显示其优势,体现在党领导我军发展壮大、通过武装斗争夺取和巩固国家政权等一系列过程之中。

党对人民军队绝对领导是彻底的领导。党对人民军队绝对领导是纵向到底、横向到边的全面领导。纵向到底,就是军队的最高领导权和指挥权属于党中央,中央军委实行主席负责制,党在团以上部队和相当于团以上部队的单位设立委员会,在营和相当于营的单位设立基层委员会,在连和相当于连的单位设立支部,形成了一个上下贯通、覆盖全面的严密组织系统,使党的领导能够从中央直达基层、直达士兵。横向到边,就是党对人民军队的绝对领导涵盖军事、政治、后勤、装备、训练、科研等各方面各领域,贯穿军队建设、改革和军事斗争准备各环节全过程。也就是说,人民军队一切组织、一切人员、一切部门、一切工作都必须置于党的绝对领导之下。

二、健全人民军队党的建设制度体系

党对军队绝对领导的原则和制度,体现着人民军队的性质宗旨,决定了人民军队建设发展的总原则和大逻辑。健全人民军队党的建设制度体系,就是坚持和完善党对人民军队的绝对领导的制度保障。要形成维护党中央权威和集中统一领导,确保党对人民军队绝对领导的党的建设制度体系,就必须完善军队党的政治建设、思想建设、组织建设、作风建设、纪律建设制度。

首先,完善军队党的思想政治建设制度。全面贯彻政治建军各项要求,修订军队政治工作条例以及理论学习、思想政治教育等方面制度,全面规范军队党的工作和政治工作,确保全军官兵始终坚持正确政治立场、政治方向、政治原则、政治道路,在政治合格上永远过硬。坚持用习近平新时代中国特色社会主义思想武装官兵,牢固习近平强军思想在国防和军队建设中的指导地位,使全军官兵增强“四个意识”、坚定“四个自信”、做到“两个维护”,贯彻军委主席负责制,在任何时候任何情况下都与党中央、中央军委保持高度一致。突出抓好军魂培育,形成基本理论灌输、党史军史学习、优良传统熏陶、纪律制度规范、日常行为养成于一体的工作格局,尤其要巩固和拓展“不忘初心、牢记使命”和“传承红色基因、担当强军重任”主题教育成果,并作为永恒课题,形成长效机制,打牢官兵听党话、跟党走的思想根基,让红色血脉代代相传。打好意识形态领域斗争主动仗,坚持用马克思主义占领思想文化阵地,坚决抵制"军队非党化、非政治化"和"军队国家化"等错误政治观点,划清是非界限,站稳政治立场,确保部队绝对忠诚、绝对纯洁、绝对可靠。

其次,完善党领导人民军队的组织体系。党的力量来自组织,党对人民军队的绝对领导必须靠坚强的组织体系来实现。我们党在人民军队团以上部队和相当于团以上部队的单位设立委员会,在营和相当于营的单位设立基层委员会,在连和相当于连的单位设立支部,实行党委统一的集体领导下的首长分工负责制,形成了从党中央、中央军委到基层党组织上下贯通的严密组织体系,确保了党的领导直达基层、直达官兵。无论战争形态怎么演变、军队建设内外环境怎么变化、军队组织形态怎么调整,必须毫不动摇坚持党委制、政治委员制、政治机关制,坚持党委统一的集体领导下的首长分工负责制,坚持支部建在连上,同时适应形势任务发展变化,适应军队体制编制,调整、研究、解决好战区党委、军兵种党委、战区军种党委职责划分。

再次,完善军队干部队伍建设制度。坚持党管干部、组织选人,坚持德才兼备、以德为先,坚持五湖四海、任人唯贤,坚持事业为上、公道正派,贯彻对党忠诚、善谋打仗、敢于担当、实绩突出、清正廉洁的军队好干部标准,构建具有军队特色的素质培养体系、知事识人体系、选拔任用体系、从严管理体系、正向激励体系,建设忠诚、干净、担当的高素质专业化干部队伍。结合军官职业化制度改革,优化干部职业发展管理制度,健全考核评价体系,完善军官晋升资格和任职资格制度,统筹构建进、训、升、调和待遇保障政策制度,让各类干部各安其位顺畅发展。强化党组织对选人、用人的把关作用,加强对各级各类干部的全方位考核,突出政治标准和打赢能力,从严把好政治关、品行关、作风关、能力关、廉洁关,确保枪杆子永远掌握在忠于党的可靠的人手中。

最后，完善军队党的作风纪律建设制度。作风优良才能塑造英雄部队，作风松散可以搞垮常胜之师，必须深刻把握军队党的作风纪律建设特殊要求，坚定不移推进正风、肃纪、反腐、惩恶。在推动作风建设抓常抓细抓长上下功夫，健全落实中央八项规定和军委十项规定精神的长效机制，健全基层风气，端正训风、演风、考风等监察机制，坚决铲除形式主义、官僚主义，坚决遏制享乐主义、奢靡之风。在严明纪律规矩上下功夫，坚持纪严于法、纪在法前，把纪律和规矩挺在前面，构建、完善各方面的纪律规定，同时深入开展纪律教育，加强监督执纪，党员干部知敬畏、存戒惧、守底线，用铁的纪律推动全面从严巡视、巡察、审计等方面的制度机制，完善权力运行制约和监督体系治党、全面从严治军。

三、在军队建设各领域全过程贯彻党的绝对领导

贯彻党对人民军队的绝对领导，制度优势是最大优势，而制度要发挥作用，关键在于落实，把党对人民军队的绝对领导贯彻到军队建设各领域全过程，落实到军队各项政策制度之中。军事政策制度调节军事关系、规范军事实践、保障军事发展，涉及军队建设各领域、各方面、各环节，具有根本性、全局性、基础性作用。因此，全面贯彻党中央、中央军委决策部署，必须不断推进军事政策制度改革，以确保党对人民军队绝对领导为指向，以战斗力为唯一的根本的标准，以调动军事人员积极性、主动性、创造性为着力点，建立健全中国特色社会主义军事政策制度体系。

除了建立确保党对人民军队绝对领导的军队党的建设制度体系，必须建立健全基于联合、平战一体的军事力量运用政策制度体系。我国国家安全的内涵外延、时空领域、外部因素都发生了深刻变化，安全需求的综合性、全域性、外向性特征更加突出，军事安全与其他安全领域的关联

性、互动性明显增强,军队担负的使命任务不断拓展,军事力量运用常态化、多样化特征日益凸显。军事战略是指导军事力量建设和运用的纲领,强军兴军必须坚持战略先行。要深入贯彻党的新时代军事战略方针,与时俱进创新发展军事战略指导,配套完善重大安全领域军事战略,构建新时代军事战略体系,加强联合作战指挥体系和能力建设,建立新一代联合作战条令体系,完善战备值班体系。

同时,必须建立使全聚焦打、激励创新、军民融合的军事力量建设政策制度体系。着眼构建现代军事力量体系,统筹解放军现役部队和预备役部队、武装警察部队、民兵建设,建设强大的现代化陆军、海军、空军、火箭军和战略支援部队、联勤保障部队,建设现代化武装警察部队。加快军民融合深度发展步伐,同步推进军民融合发展体制和机制改革、体系和要素融合、制度和标准建设,完善军民融合发展组织管理体系、工作运行体系、政策制度体系,构建一体化的国家战略体系和能力。完善国防科技创新和武器装备建设制度,深化国防动员体制改革,构建在党中央集中统一领导下、军地既各尽其责又密切协同的国防动员新格局。健全党政军警民合力强边固防工作机制,建设强大稳固的现代边海空防。完善双拥工作和军民共建机制,加强军政军民团结。

最后,建立健全精准高效、全面规范、刚性约束的军事管理政策制度体系。战略管理是军事管理的枢纽。强化军委战略管理功能,健全军委重大决策咨询、论证、评估及其配套政策,强化需求牵引规划、规划主导资源配置,健全完善需求、规划、预算、执行、评估既相互独立相互制约,又相互衔接相辅相成的制度机制。强化军费集中统管和宏观调控,调整优化军委机关和军兵种预算权责,构建配置科学、用管分离、执行规范、监督严格的军费管理制度。加强中国特色军事法治建设,推进法规制度建设集成化、军事法规法典化,推进军事司法制度改革,构建系统完备、严密高效的军事法规制度体系、军事法治实施体系、军事法治监督体系、军事法治保障体系。

第二节　维护人民福祉、坚持"一国两制"的制度优势

"一国两制"是中国国家治理体制的重要内容，也是显著治理优势之一，产生于中国特色社会主义的事业。它既是中国政府处理香港、澳门事务的基本方针和政策，也是中央治理香港、澳门两个特别行政区，解决台湾问题、实现祖国和平统一的重要制度，是党领导全国人民，着眼两岸人民的根本福祉所推进的伟大实践，关系到中华民族伟大复兴。事实证明，"一国两制"是香港、澳门保持长期繁荣稳定的最佳制度，也是促进祖国和平统一的重要途径，需要在实践中经受检验，并不断加以完善。

一、"一国两制"的内涵和优势

"一国两制"是马克思主义基本原理的具体运用和丰富发展，具有鲜明的"中国特色"。它创造性地把马列主义基本原理与当代中国国情充分结合，坚持以人民为中心的根本立场，着眼两岸人民的根本福祉，为中国统一问题提出了创造性解决方案和战略构想，具有高度的科学性和理论性，为国家学说与和平共处思想注入新的内容。"一国两制"政治构想维护最广大人民福祉的内涵十分丰富。

"一国两制"是一个完整的概念，要辩证把握"一国"和"两制"的关系。"一国"是根，根深才能叶茂；"一国"是本，本固才能枝荣。应当是持

"一国"之本,守"两制"之分,用"一国两制"之利。党的十九届四中全会明确指出,必须坚持"一国"是实行"两制"的前提和基础,"两制"从属和派生于"一国"并统一于"一国"之内。香港和澳门是国家不可分离的部分,是直辖于中央人民政府的地方行政区域。同时,宪法明确规定国家的根本制度是社会主义制度,并规定了国家的基本制度、领导核心和指导思想等制度和原则。坚持一国原则,最根本的是要维护国家主权、安全和全体国民发展利益。根据我国宪法的规定,在祖国统一后,香港、澳门及台湾,设立中央人民政府统辖下的特别行政区,这些地区原有的社会经济法律制度不变,生活方式不变,实行和大陆不同的资本主义制度,享有高度的自治权。"一国"之内,"两种制度"相互尊重,相互借鉴,和谐并存,共同发展。

坚持以爱国者为主体的"港人治港""澳人治澳",为发挥人民主体地位、和平统一奠定了更加坚实的实践基础。对国家效忠是从政者必须遵循的基本政治伦理,是"港人治港""澳人治澳"的界限和标准。在"一国两制"之下,包括行政长官、主要官员、行政会议成员、立法会议员、各级法院法官和其他司法人员等在内的治理者,承担维护国家主权、安全、发展利益,保持本地区长期繁荣稳定的职责,爱国是对治理者主体的基本政治要求。作为特别行政区和特别行政区政府的"双首长",行政长官是香港和澳门贯彻落实"一国两制"方针政策和基本法的第一责任人。中央政府始终坚定不移地支持行政长官和特别行政区政府依法施政,团结带领社会各界人士集中精力发展经济,切实有效改善民生,循序渐进推进民主,包容共济促进和谐。"一国两制"的构想是希望和坚持争取用和平统一的方式解决港澳台问题。在一个中国的前提下,什么问题都可以谈。只要坐下来谈,总能找到双方都可以接受的办法。所以坚持和平统一,但不承诺放弃武力,是实现"一国两制"的途径和方式。尤其对台湾,我们主张通过谈判实现"一国两制"。

"一国两制"经过多年实践,展现了强大的生命力,是中国国家制度和国家治理体系的有机组成部分,具有多方面的显著优势。

首先,"一国两制"是充分考虑中华民族整体利益、解决历史遗留的香港、澳门、台湾问题的好方案。香港、澳门、台湾自古就是我国领土不可分割的组成部分。中国人民一直强烈要求收回香港,历届中国政府均不承认英国对香港的永久主权,也从未放弃对澳门的主权,并与英国和葡萄牙多次交涉但没有成功。同时,台湾也一直处于与祖国大陆分离的状态。邓小平同志提出的"一国两制"构想,将马克思主义和中国实际情况相结合,为和平时期解决历史遗留问题提供了新的方案。香港、澳门回归的实践证明,它是完全可行的最佳方案。

其次,"一国两制"是中华民族走向伟大复兴的必经之路。恢复对港、澳地区行使主权,结束台湾海峡两岸的分裂局面,实现国家统一,这是整个中华民族的强烈愿望,是民族大义。"一国两制"的成功实践事关中华民族的伟大复兴,香港、澳门的命运同祖国的命运紧密相连。香港和澳门的割让源于清朝的国力衰落,而二者的回归则基于国家的强大,今天香港和澳门的稳定繁荣与中国的发展密不可分。一方面,保持香港、澳门长期繁荣稳定,实现祖国完全统一,是实现中华民族伟大复兴的必然要求。另一方面,香港、澳门的命运同祖国的命运紧密相连,在中华民族伟大复兴的道路上不能缺少了港澳同胞。

最后,实践证明,"一国两制"是香港、澳门回归后保持长期繁荣稳定的最佳制度,是维护最广大人民福祉的最佳选择。"一国两制"体现了中华文化中的"和合"哲学理念,即"求大同,存大异"的思想。内地和香港、澳门充分利用"一国两制"的制度优势,相互借鉴、优势互补,实现共同发展。香港、澳门特别行政区政府和社会各界人士,把国家发展带来的重大机遇与港澳所具有的高度法治化、市场化、专业化、国际化等优势相结合，聚焦发展，不断提升自身竞争力。同时，在港澳应对国际金融危机、"非典"疫情等风险的过程中，祖国内地提供了强有力的支持。未来粤港澳大湾区和"一带一路"建设，香港和澳门也可以找到更多的机会。

二、不断完善"一国两制"的制度体系

坚持"一国两制"和推进祖国统一，是实现中华民族伟大复兴的必然要求，是构建国家治理体系和治理能力现代化的应有之义，也是新时代中国特色社会主义思想和基本方略的重要组成部分。要从维护国家主权和发展利益，保持香港、澳门长期繁荣稳定和实现祖国和平统一进程的根本宗旨出发，准确理解和贯彻"一国两制"方针政策，坚定推进祖国和平统一进程。除了要依法行使宪法和基本法赋予中央的各项权力外，建立健全特别行政区维护国家安全的法律制度和执行机制；维护国家安全是特别行政区的宪制责任，建立健全维护国家安全的法律制度和执行机制；因地制宜，探索发展"一国两制"实践不同的模式之外，尤其需要从最广大人民福祉出发，建立健全以下体制机制。

一是健全特别行政区行政长官对中央政府负责的制度。根据基本法的规定，行政长官既是特别行政区政府的首长，也是特别行政区的首长，既要对特别行政区负责，也要对中央负责。一方面，要完善行政长官对中央负责的制度安排，包括完善中央就基本法规定的有关事务对行政长官发出指令的制度，完善行政长官向中央述职制度、向中央报告特别行政区有关重大事项的制度等；另一方面，要在特别行政区落实以行政长官为核心的行政主导体制，必须确保符合爱国爱港或爱国爱澳、中央信任、有管治能力、香港或澳门社会认同等标准的人构成特别行政区行政、立法、司

法机关的主体。

二是完善香港、澳门融入国家发展大局、同内地优势互补协同发展的机制。香港经济遇到困境，房屋价格昂贵，贫富差距悬殊，社会阶层流动性减弱，青年人缺少个人发展机会。澳门博彩业"一业独大"，经济适度多元发展缺乏突破口。未来要继续完善支持香港、澳门同内地优势互补、协同发展的政策体系，特别是推动香港、澳门融入粤港澳大湾区发展，注重发挥香港、澳门参与共建"一带一路"的独特作用。继续完善内地与香港、澳门《关于建立更紧密经贸关系的安排》（以下简称"CEPA"），促进三地在货物贸易、服务贸易和贸易投资便利化三个领域的开放。继续完善便利香港、澳门居民在内地学习、创业、就业、生活的政策措施，健全香港、澳门与内地在各领域深入开展交流合作的各种机制。

三是完善加强对香港、澳门社会特别是公职人员和青少年的宪法和基本法教育、国情教育、中国历史和中华文化教育等相关制度和体制机制。爱国主义是维护国家统一的纽带，爱国主义教育宣传是国家主权的重要体现。治理香港和澳门，要一手抓法治，一手抓德治，德治主要包括宪法和基本法教育、国情教育、中国历史和中华文化教育，核心是爱国主义教育。特别是要正视长期以来香港在国民教育方面存在的缺失，切实加强青少年的爱国主义教育，关心、引导、支持、帮助青少年健康成长。

四是完善坚决防范和遏制外部势力干预港澳事务和进行分裂、颠覆、渗透、破坏活动的体制机制。外部势力一直在通过多种方式干预港澳事务，在港澳进行分裂、颠覆、渗透、破坏活动。近几年来香港的"占中""港独""反修例"风波等都有外部势力的身影，美国国会甚至通过《2019年香港人权与民主法案》，公然以国内法方式支持反中乱港活动，为香港反对派和激进势力更加肆无忌惮地从事反中乱港活动提供"保护伞"，这一切都严重挑战了"一国两制"的底线。我们必须与特别行政区政府一起建立健全反干预协同机制,绝不允许任何危害国家主权安全,绝不允许挑战中央权力和香港、澳门基本法权威,绝不允许利用香港对内地进行渗透破坏活动。

五是推动"一国两制"在台湾问题上的运用,推动两岸就和平发展达成制度性安排。国家统一是人类历史的重要进步现象,是全体中华儿女的共同愿望,也是中华民族根本利益所在。习近平总书记指出,探索"两制"台湾方案,丰富和平统一实践。"和平统一、一国两制"是实现国家统一的最佳方式,体现了海纳百川、有容乃大的中华智慧,既充分考虑台湾现实情况,又有利于统一后台湾长治久安。① 要秉持"两岸一家亲"理念,完善促进两岸交流合作、深化两岸融合发展、保障台湾同胞福祉的制度安排和政策措施,尤其是通过海西区建设率先同台湾同胞分享大陆发展的机遇,增进两岸福祉,最终推进祖国和平统一进程。

三、坚定推进祖国和平统一进程

推进祖国和平统一进程、完成祖国统一大业,是中华民族伟大复兴的必然要求。"一国两制"是党领导人民实现祖国和平统一的一项重要制度,实现祖国统一是历史必然,充分发挥中国特色社会主义制度优势,做好新时代对台工作,坚定推进祖国和平统一进程,是当代中国国家治理的重要内容。党中央关于"坚持和完善'一国两制'制度体系,推进祖国和平统一"的部署,充分体现了党中央对台工作的集中统一领导,为着眼台湾同胞福祉、推进新时代推进祖国和平统一进程提供了坚实保障。

一方面,要努力完善保障台湾同胞福祉的制度安排和政策措施。

---

① 《习近平谈治国理政》第三卷,外文出版社2020年版,第406页。

习近平总书记强调，要在对台工作中贯彻好以人民为中心的发展思想，对台湾同胞一视同仁，像为大陆百姓服务那样造福台湾同胞。我们要从台湾同胞尤其是基层民众的现实需求出发，持续拓展两岸经济文化交流合作，不断丰富完善相关制度安排和政策措施。要继续积极为台胞广泛参与大陆经济社会建设创造条件，依法保障台胞权益。要为台胞台企参与"一带一路"建设、粤港澳大湾区建设、京津冀协同发展、长三角区域一体化发展、海南自贸区（港）建设等国家重大发展战略，提供政策指引，搭建更多渠道平台。要着力提升台湾居民居住证社会功能应用，支持福建自贸试验区、平潭综合实验区、昆山深化两岸产业合作试验区及其他台商投资集中地区在为台胞台企提供同等待遇上出台更多先行先试政策措施。要积极推进两岸经济合作制度化，打造两岸共同市场，并在推动两岸应通尽通、福建沿海地区同金门马祖"小四通"、两岸社会保障和公共资源共享以及两岸邻近或条件相当地区基本公共服务均等化、普惠化、便捷化方面，加强顶层设计，出台相关政策。两岸交流合作的持续扩大、两岸融合发展的持续深化，必将加深两岸利益联结，促进同胞心灵契合，夯实和平统一基础。

另一方面，要坚持团结广大台湾同胞，共同反对"台独"。广大台湾同胞都是中华民族一分子，是发展两岸关系、推进统一进程的重要力量。我们要坚持寄希望于台湾人民的方针，一如既往尊重、关爱、团结和依靠台湾同胞。要扩大两岸同胞尤其是基层民众和青少年交流，增进相互理解，拉近心理距离。要团结台湾同胞共同传承弘扬中华优秀传统文化，坚定民族伟大复兴的共同信念，增进台湾同胞对两岸命运共同体的认知和对祖国和平统一的认同。祖国大陆是所有爱国统一力量的坚强后盾，要积极引导台湾同胞争当堂堂正正的中国人，认真思考台湾在中华民族伟大复兴中的地位和作用，积极参与到推进祖国和平统一的正义事业中来。

"台独"分裂势力及其图谋和行径是台海和平稳定的最大威胁,是两岸关系和平发展的最大障碍,严重损害台湾同胞的切身利益和中华民族的整体利益,是与全民族为敌,逆历史潮流而动,绝不可能得逞。要坚持底线思维,保持高度警惕,有效防范化解台海重大风险,继续团结广大台湾同胞,反对形形色色的"台独"分裂图谋和行径,共同维护、携手迈向祖国和平统一的光明前景。

第三节　维护世界和平、构建人类命运共同体

坚持和完善独立自主的和平外交政策,不断健全党的对外工作领导体制机制,不断提高应对国际局势和处理国际事务的能力,是推进国家治理体系和治理能力现代化的重要内容。立足新时代新方位,必须统筹国内国际两个大局,高举和平、发展、合作、共赢旗帜,积极推进中国特色大国外交,坚定不移维护国家主权、安全、发展利益,坚定不移维护世界和平、促进共同发展,为实现"两个一百年"奋斗目标、实现中华民族伟大复兴提供更加有力的保障,为推动构建新型国际关系、推动构建人类命运共同体作出中国贡献。

一、坚定不移走和平发展道路

世界繁荣稳定是中国的机遇,中国发展也是世界的机遇。坚定不移走和平发展道路,通过争取和平国际环境发展自己,又通过自身发展维护和促进世界和平,是我们党根据时代发展潮流和人民根本利益需要作出的战略抉择。中国坚定承诺,坚持奉行防御性的国防政策,永远不称霸,

永远不搞扩张，永远做维护世界和平的坚定力量。

坚定不移走和平发展道路，源自中国对实现自身富强、人民幸福的自信和自觉。中国旨在向世界表明，中国不走过去欧洲大国殖民世界的老路，不走德、意、日法西斯穷兵黩武的老路，不走美苏称霸世界的老路，中国要以和平发展超越西方历史上一再出现的"国强必霸"的传统模式，走出一条主动参与经济全球化并与世界各国实现共同发展的新路。同时，坚定不移走和平发展道路更是中国人民对实现自身发展目标的自信和自觉。正如习近平总书记所言，这种自信和自觉，来源于中华文明的深厚渊源，来源于对实现中国发展目标条件的认知，来源于对世界发展大势的把握。

和平发展道路是继承中国历史文化传统、代表人民心声的必然选择。中华民族是热爱和平的民族，没有天定命运的思想，没有扩张称霸的传统。和合理念是中华文明的核心和精髓，和平、和睦、和谐的追求深深植根于中华民族的精神世界之中，深深融化在中国人民的血脉之中。张骞出使西域，郑和七下西洋，带去的是中华灿烂文化，成就的是中国与世界和平相处的佳话。进入近代以来，中华民族曾饱受外敌欺凌，经历了百年的屈辱和苦难，更加深知世界和平与安宁的重要。中国需要和平，就像人需要空气一样，就像万物生长需要阳光一样。坚持走和平发展道路，是对几千年来中华民族贵和尚中文化传统的继承和发扬，也是中国人民从近代以后苦难遭遇中得出的必然结论。

和平发展道路是中国追求人民对美好生活向往的必然选择。中国经济持续发展，中华民族伟大复兴稳步推进，中国的世界地位和影响也在显著提升，但中国仍处于并将长期处于社会主义初级阶段的基本国情没有变，中国是世界最大发展中国家的国际地位没有变。发展不平衡不充分的问题仍然突出，经济结构转型尚未完成，发展质量效益还有待提高，民生问题和生态环境保护任重道远,全面依法治国任务依然繁重,国家治理体系和治理能力还有待提升。中国国情决定了中国必须集中力量推进现代化,集中精力解决发展和民生问题,始终需要和平稳定的国际环境,始终需要奉行互利共赢的对外开放战略。即使中国将来强大起来,和平依然是发展的基本前提,开放依然是中国的基本国策,共赢依然是中国外交的基本追求。

和平发展道路是顺应世界人民对未来期许的必然选择。随着世界多极化、经济全球化、文化多样化、社会信息化深入发展,世界早已形成你中有我、我中有你,一荣俱荣、一损俱损的命运共同体。世界潮流,浩浩荡荡,顺之则昌,逆之则亡。历史告诉我们,一个国家要发展繁荣,必须把握和顺应世界发展大势,反之必然会被历史抛弃。什么是当今世界的潮流?习近平总书记明确指出,答案只有一个,那就是和平、发展、合作、共赢。随着改革开放的不断深入和经济社会的不断发展,中国与世界的关系在发生深刻变化,我国同国际社会的互联互动也已变得空前紧密,我国对世界的依靠、对国际事务的参与在不断加深,世界对我国的依靠、对我国的影响也在不断加深。中国走和平发展道路,正是在这一时代大背景下作出的必然选择。

二、建立新型国际关系

和平发展道路是中国致力于走出的一条大国成长新路,推动构建新型国际关系则是中国携手世界走出的一条国与国交往新路。其内涵,就是要坚持以人民为中心,着眼中国人民的期许,回应世界人民的心声,秉持相互尊重、公平正义、合作共赢原则,建设对话而不对抗、结伴而不结盟的全球伙伴关系网络。

新型国际关系思想的提出和初步形成有一个过程。2012年2月,时任国家副主席习近平访美时就提出,中美应努力把两国合作伙伴关系塑造成21世纪的新型大国关系。2013年3月,习近平主席在莫斯科国际关系学院演讲时,首次提出各国应共同推动建立以合作共赢为核心的新型国际关系,指出合作共赢体现为共享尊严、共享发展、共享安全保障。2014年6月习近平主席出席和平共处五项原则发表60周年纪念大会并发表主旨讲话,明确提出推动建立新型国际关系,共同建设合作共赢的美好世界,呼吁各国坚持主权平等、坚持共同安全、坚持共同发展、坚持合作共赢、坚持包容互鉴、坚持公平正义,首次把相互尊重、公平正义、合作共赢的理念予以并列提出。

新型国际关系思想是新时代中国外交理论与实践的重要内容。在2014年中央外事工作会议上,习近平总书记明确提出要坚持合作共赢,推动建立以合作共赢为核心的新型国际关系,把合作共赢理念体现到政治、经济、安全、文化等对外合作的方方面面。2015年9月,习近平主席在纽约联合国总部出席第70届联合国大会一般性辩论并发表题为《携手构建合作共赢新伙伴　同心打造人类命运共同体》的重要讲话,首次在全球性多边舞台全面阐述构建以合作共赢为核心的新型国际关系,打造人类命运共同体。首次把新型国际关系与人类命运共同体相提并论,推动构建合作共赢新型国际关系,由此成为推动构建人类命运共同体的基本路径。

新型国际关系思想是新时代中国特色社会主义思想的组成部分。2017年10月,党的十九大报告明确提出,中国特色大国外交要推动构建新型国际关系,推动构建人类命运共同体。中国将高举和平、发展、合作、共赢的旗帜,恪守维护世界和平、促进共同发展的外交政策宗旨,坚定不移在和平共处五项原则基础上发展同各国的友好合作,推动建设相互尊重、公平正义、合作共赢的新型国际关系。新型国际关系的内涵由"以合作共赢为核心"扩展为"相互尊重""公平正义""合作共赢"三大方面。2019年10月，党的十九届四中全会从国家治理体系和治理能力现代化的角度，再次强调推动建设相互尊重、公平正义、合作共赢的新型国际关系。

构建新型国际关系的实质，是坚持以人民为中心的发展理念，着眼中国人民的期许，回应世界人民的心声，走出一条国与国交往的新路，并将为构建人类命运共同体开辟道路，创造条件。其核心内涵是相互尊重、公平正义、合作共赢。其内在逻辑是，相互尊重是前提，公平正义是准则，合作共赢是目标。其中，相互尊重是前提，公平正义是准则，合作共赢是目标。随着经济全球化深入发展，各国命运紧密相连，利益休戚与共。面对复杂严峻的全球性挑战，任何国家都无法独善其身，唯有共担风险，共同应对，才能互利合作、共同发展。

三、推动构建人类命运共同体

面对"世界怎么了""我们怎么办""如何实现人类长久和平与发展"等问题，习近平总书记提出构建人类命运共同体理念。以人类命运共同体为纲领的全球治理体系，展现了对中国和世界各国关系长远发展的战略思考，也给国际格局新秩序的建立带来新动力。

构建人类命运共同体是新时代中国特色大国外交的总目标，旨在为国际社会提供更多高质量的公共产品，是马克思主义"共同体"理论的创新和发展。"共同体"或"联合体"，是马克思用来指称未来共产主义社会的一个十分重要的概念，在马克思主义科学社会主义理论中占据十分重要的地位。马克思认为，人类共同体的演进经历了这样一个历史过程，即从前资本主义时代的"自然的共同体"，到资本主义社会的"虚幻的共同体"，再到共产主义社会的"真正的共同体"，即"自由人的联合体"。在《德意志意识形态》和《共产党宣言》中，马克思用"联合体"和"共同体"（真正的共同体）来指称未来的共产主义社会。"真正的共同体"与"虚假的共同体"相对，代表了所有共同体成员的共同利益，包含人的全面发展、利益普遍协调、矛盾真正解决。作为中国共产党人最高奋斗目标的共产主义理想，包含了丰富的人类命运共同体思想。每个人自由而全面的发展是共产主义的一个基本特征，实现全人类每个人自由全面的共同发展，是人类命运共同体基本的价值诉求，也是对马克思主义"共同体"理论的创新与发展。

党的十九大报告明确阐明了人类命运共同体的内涵，即"建设持久和平、普遍安全、共同繁荣、开放包容、清洁美丽的世界"①。这五个世界旨在解决人类面临的各种全球性挑战，包含政治、安全、经济、文化、生态等诸多领域。

一是持久和平。和平与发展是当今世界的主题。中国始终坚持走和平发展道路，并把追求持久和平作为构建人类命运共同体的基石。实现持久和平，"要相互尊重、平等协商，坚决摒弃冷战思维和强权政治，走对话而不对抗、结伴而不结盟的国与国交往新路"②。中国人民坚持走和平发展道路，也真诚希望世界各国都走和平发展这条道路，共同应对威胁和破坏和平的各种因素，携手建设持久和平、共同繁荣的和谐世界。为此，习近平总书记指出，"让铸剑为犁、永不再战的理念深植人心"③。

二是普遍安全。安全问题是事关人类前途命运的重大问题。实现普

---

① 《十九大以来重要文献选编》（上），中央文献出版社 2019 年版，第 41 页。
② 《十九大以来重要文献选编》（上），中央文献出版社 2019 年版，第 41 页。
③ 《十八大以来重要文献选编》（中），中央文献出版社 2016 年版，第 699 页。

遍安全，"要坚持以对话解决争端、以协商化解分歧，统筹应对传统和非传统安全威胁，反对一切形式的恐怖主义"①。当今世界处于百年未有之大变局，安全领域面临多重新考验，没有一个国家能凭一己之力谋求自身绝对安全，没有一个国家可以从别国的动荡中收获稳定，只有从人类命运共同体的视角出发，才能找到全球安全治理之道。"各国应该树立共同、综合、合作、可持续的全球安全观"②，共同营造公道正义、共建共享的安全格局。

三是共同繁荣。实现共同繁荣，"要同舟共济，促进贸易和投资自由化便利化，推动经济全球化朝着更加开放、包容、普惠、平衡、共赢的方向发展"③。作为世界上最大的发展中国家，中国一直是全球减贫与发展事业的倡导者、推动者和践行者。2019 年 9 月，《新时代的中国与世界》白皮书指出，中国开展对外援助 60 多年来，共向 166 个国家和国际组织提供近 4000 亿元人民币援助，派遣 60 多万名援助人员，700 多人为他国发展献出了宝贵生命。先后 7 次宣布无条件免除重债穷国和最不发达国家对华到期政府无息贷款债务。中国—联合国和平与发展基金 2030 年可持续发展议程子基金 3 年来成功实施 27 个项目，惠及 49 个亚非拉国家，为全球落实议程注入强大动力。2015 年，中国宣布设立南南合作援助基金，截至 2018 年，已在亚洲、非洲、美洲等地区 30 多个国家实施了 200 余个有关救灾、卫生、妇幼、难民、环保等领域的发展合作项目。

四是开放包容。开放包容引领文明进步。建设一个开放包容的世界，是构建人类命运共同体的文化基础。实现开放包容，"要尊重世界文

---

① 《十九大以来重要文献选编》（上），中央文献出版社 2019 年版，第 41 页。
② 中共中央党史和文献研究室编：《习近平关于总体国家安全观论述摘编》，中央文献出版社 2018 年版，第 250 页。
③ 《十九大以来重要文献选编》（上），中央文献出版社 2019 年版，第 41 页。

明多样性,以文明交流超越文明隔阂、文明互鉴超越文明冲突、文明共存超越文明优越"①。在国际社会交往中,各国要努力构建一个相互欣赏、相互理解、相互尊重的人文格局。2019 年 5 月 15 日,国家主席习近平出席亚洲文明对话开幕式并发表主旨演讲,强调"人类只有肤色语言之别,文明只有姹紫嫣红之别,但绝无高低优劣之分。认为自己的人种和文明高人一等,执意改造甚至取代其他文明,在认识上是愚蠢的,在做法上是灾难性的"②。

五是清洁美丽。清洁美丽的世界是人类命运共同体的依托和归宿。实现美丽清洁的世界,"要坚持环境友好,合作应对气候变化,保护好人类赖以生存的地球家园"③。中国重视生态环境保护,习近平总书记指出,"我们不能吃祖宗饭、断子孙路,用破坏性方式搞发展。绿水青山就是金山银山。我们应该遵循天人合一、道法自然的理念,寻求永续发展之路"。④ 为创建清洁美丽的世界,中国倡导绿色、低碳、循环、可持续的生产生活方式,平衡推进 2030 年可持续发展议程,不断开拓生产发展、生活富裕、生态良好的文明发展道路,成为全球生态文明建设的重要参与者、贡献者、引领者。

---

① 《十九大以来重要文献选编》(上),中央文献出版社 2019 年版,第 41—42 页。
② 《十九大以来重要文献选编》(中),中央文献出版社 2021 年版,第 81 页。
③ 《十九大以来重要文献选编》(上),中央文献出版社 2019 年版,第 42 页。
④ 《习近平主席在出席世界经济论坛 2017 年年会和访问联合国日内瓦总部时的演讲》,人民出版社 2017 年版,第 29 页。

第九章　加强党的领导，推动以人民为中心的国家治理

在我国国家治理中，中国共产党居于领导地位，是国家治理方向任务与活动开展的根本保障。要把党的领导贯彻到国家治理全过程，提高党的政治领导力、群众组织力、社会号召力，真正把党的密切联系群众优势、理论优势、政治优势、制度优势转化为国家治理的强大效能。在党委领导下，政府要做好执行法律和政策的工作，履行好监管、组织、服务、执法等各项职能。社会组织发挥好桥梁纽带作用，开展志愿服务、救助帮扶、化解矛盾等公共事务。习近平总书记指出，"只有坚持以人民为中心的发展思想，坚持发展为了人民、发展依靠人民、发展成果由人民共享，才会有正确的发展观、现代化观"①。这一论断深刻揭示了我国现代化发展的价值旨归与人本意蕴。中国式现代化道路始终坚持以人民为中心的发展思想，始终坚持人民至上的价值导向，着眼于让发展成果更多更公平惠及全体人民。推进国家治理体系和治理能力现代化，必须要坚持以人民为中心的发展思想，把人民群众充分组织动员起来，培育人民群众的主体意识和主体精神，发挥人民群众在国家治理中的主体作用。

---

① 习近平：《论把握新发展阶段、贯彻新发展理念、构建新发展格局》，中央文献出版社2021年版，第479页。

第一节　坚持和加强党的全面领导

办好中国的事情,关键在党。习近平总书记指出,"我们治国理政的本根,就是中国共产党的领导和我国社会主义制度"①。党要团结带领人民进行伟大斗争、推进伟大事业、实现伟大梦想,必须毫不动摇坚持和加强党的全面领导,必须毫不动摇把党建设得更加坚强有力,深刻领会"两个确立"的决定性意义,不断增强"四个意识"、坚定"四个自信"、做到"两个维护",确保党在世界形势深刻变化的历史进程中始终走在时代前列,在应对国内外各种风险和考验的历史进程中始终成为全国人民的主心骨,在坚持和发展中国特色社会主义的历史进程中始终成为坚强领导核心。

一、党的领导是中国特色社会主义最本质特征

中国特色社会主义有很多特点和特征,如坚持党的领导、坚持马克思主义中国化的最新成果为指导、坚持改革开放、坚持人民主体地位、解放和发展社会生产力、维护社会公平正义、促进社会和谐、实现共同富裕,等等,在所有这些特征中,坚持党的领导是最本质的特征。共产党以实现社会主义为阶段性目标,以实现共产主义为最高理想,党的领导与社会主义具有内在逻辑统一性。马克思、恩格斯在《共产党宣言》中反复阐述一个道理:社会化大生产必然导致生产资料转变为社会所有,为社会主义的到

---

① 《习近平谈治国理政》第三卷,外文出版社 2020 年版,第 165 页。

来准备好物质基础，同时必然导致无产阶级组成自己的政党组织——共产党。在整个社会主义运动中，共产党都是坚强有力的领导力量。成立共产党，就是要建立和巩固社会主义制度，坚持和发展社会主义。离开共产党，社会主义事业就缺乏政治、思想和组织保障，就会丧失前进方向；离开社会主义，共产党就会丢掉初心使命，就会蜕化变质。俄国"十月革命"成功，标志着社会主义制度首先在帝国主义的薄弱环节获得突破并变成现实。20世纪八九十年代，苏联、东欧等社会主义国家的共产党失去执政权，走向失败，一个重要原因就是在改革中放弃了社会主义、放弃了党的领导。

中国共产党的领导与中国特色社会主义道路、理论、制度、文化形成统一不可分割的整体。中国特色社会主义道路是中国共产党领导全国各族人民共同开创的，党给全国人民指明了社会主义方向以及共产主义的最终奋斗目标；中国特色社会主义理论体系本身就是中国共产党的指导思想，是中国共产党人对建设中国特色社会主义的发展道路、发展阶段、根本任务、发展动力、发展战略、政治保证、祖国统一、外交和国际战略、领导力量和依靠力量等一系列基本问题的科学回答；中国特色社会主义制度包括根本制度、基本制度以及各个方面的重要制度。党的十八大以来。以习近平同志为核心的党中央"明确中国特色社会主义最本质的特征是中国共产党领导，中国特色社会主义制度的最大优势是中国共产党领导"[①]，从党的领导的角度为中国特色社会主义锚定了本质属性与核心优势，进一步丰富了其时代内涵、强化了其核心优势、筑牢了其政治保障，使我们党对中国特色社会主义的本质认识上升到一个新高度。新时代推进改革发展稳定、内政外交国防、治党治国治军各项任务，都要坚定不移地

---

① 《中国共产党第十九届中央委员会第六次全体会议文件汇编》，人民出版社2021年版，第46页。

坚持党的领导这一根本原则,把中国特色社会主义的独特政治优势转化为显著发展优势。在党的十九届四中全会上,把党的领导制度明确为我国的根本制度;坚持文化自信,推进文化创新,实现中国特色社会主义文化繁荣兴盛,离不开中国共产党的领导。党的十九届六中全会总结党的百年奋斗的历史经验,将"坚持党的领导"进一步作为"十个坚持"的历史经验之一,《决议》指出,"中国共产党是领导我们事业的核心力量。中国人民和中华民族之所以能够扭转近代以后的历史命运、取得今天的伟大成就,最根本的是有中国共产党的坚强领导"①。

二、党的领导制度是我国的根本领导制度

1980 年 8 月 18 日,邓小平同志在关于党和国家领导制度改革的讲话中指出:"领导制度、组织制度问题更带有根本性、全局性、稳定性和长期性。"②1992 年,邓小平同志在南方谈话中指出:"恐怕再有三十年的时间,我们才会在各方面形成一整套更加成熟、更加定型的制度。"③邓小平同志两次谈"制度"含义不一样,第一次谈的是党的领导制度这个根本制度,第二次谈的是由各方面制度组成的国家制度和治理体系,由根本制度、基本制度、重要制度等组成。从邓小平同志谈制度的先后顺序和对制度的定位看,党的领导制度在国家制度和治理体系中具有统领地位。党的十八大以来,习近平总书记将党的领导制度与国家制度有机融合,不断深化拓展党的领导制度体系,全面提高党科学执政、民主执政、依法执政水平。

---

① 《中国共产党第十九届中央委员会第六次全体会议文件汇编》,人民出版社 2021 年版,第 94—95 页。

② 《邓小平文选》第二卷,人民出版社 1994 年版,第 333 页。

③ 《邓小平文选》第三卷,人民出版社 1993 年版,第 372 页。

中国特色社会主义制度的最大优势是党的领导。党的领导制度健全了，坚持和完善中国特色社会主义制度、推进国家治理体系和治理能力现代化就抓住了关键，就能成功转化为国家治理优势。"党的十八大以来，党中央权威和集中统一领导得到有力保证，党的领导制度体系不断完善，党的领导方式更加科学，全党思想上更加统一、政治上更加团结、行动上更加一致，党的政治领导力、思想引领力、群众组织力、社会号召力显著增强。"①党的集中统一领导落实到改革发展稳定、内政外交国防、治党治国治军全部领域、所有过程、一切活动之中，有利于调节各方面关系，发展充满活力的政党关系、党政关系、政企关系、政社关系、民族关系、宗教关系、阶层关系、海内外同胞关系、干群关系、地区关系、军民关系等，有利于增强中国人民和中华民族的向心力、凝聚力，从根本上维护了国家安定团结、社会和谐稳定、人民安居乐业的政治局面，确保中国特色社会主义事业取得成功。中国共产党要在新时代扬帆远航，成功履行使命，最根本的一条就是把党的领导变成应对一切外部和内部矛盾、风险和挑战的定海神针。党的领导制度完善了、巩固了，就为目标的实现提供了坚实的"定盘心"和最大的确定性。

三、把党的领导落实到国家治理各领域各方面各环节

党的领导必须是全面的、系统的、整体的，必须体现到经济建设、政治建设、文化建设、社会建设、生态文明建设和国防军队、祖国统一、外交工作、党的建设等各个方面。无论哪个领域、哪个方面、哪个环节缺失了、弱化了，都会削弱党的领导，损害党和国家事业。

---

① 《中国共产党第十九届中央委员会第六次全体会议文件汇编》，人民出版社2021年版，第52页。

在我国政治生活中,党是居于领导地位的。中国共产党处于总揽全局、协调各方的核心统领地位,用习近平总书记的话说,就像"众星捧月",这个"月"就是中国共产党。中国共产党作为最高政治领导力量,对党和国家实行全面领导,协调、综合、代表各方面利益,推动构建系统完备、科学规范、运行高效的党和国家机构职能体系,形成总揽全局、协调各方的党的领导体系,职责明确、依法行政的政府治理体系,中国特色、世界一流的武装力量体系,联系广泛、服务群众的群团工作体系,推动人大、政府、政协、监察机关、审判机关、检察机关、人民团体、企事业单位、社会组织等在党的统一领导下协调行动、增强合力,全面提高国家治理能力和治理水平。党通过民主集中制这个根本组织制度和领导制度以及常委会、党组、党的(决策)议事协调机构、党的工作机关等,依规依法实施对国家机关和非党组织的领导。

我国宪法制度的发展历程与党的领导、人民当家作主的发展历程紧密相连,这就使党的领导、人民当家作主和依法治国三者具有内在的有机逻辑联系。我国宪法以根本法的形式反映了党带领人民进行革命、建设、改革取得的成果,反映了在历史和人民选择中形成的党的领导地位,确认了中国共产党的执政地位,确认了党在国家政权结构中总揽全局、协调各方的核心地位。党领导人民制定宪法和法律,又必须在宪法和法律范围内活动。坚持党的领导必须建立健全保证宪法和相关法律全面实施的体制机制,离不开各级党和国家机关以及领导干部带头尊法、学法、守法、用法,提高运用法治思维和法治方式深化改革、推动发展、化解矛盾、维护稳定、应对风险的能力。因此,党作为执掌全国政权的最高政治领导力量,必须依靠调动全国各族人民的积极性实施全面领导,必须在宪法和法律的范围内依法实施全面领导,善于运用一切制度安排和领导资源去实现党对国家和社会的高效治理。在社会主义中国,只有中国共产党才能代表和维护好最广大人民的根本利益，必须坚定不移坚持和加强党的全面领导。邓小平同志指出："中国由共产党领导，中国的社会主义现代化建设事业由共产党领导，这个原则是不能动摇的；动摇了中国就要倒退到分裂和混乱，就不可能实现现代化。"①

第二节　坚持和完善党的领导制度体系

党政军民学，东西南北中，党是领导一切的。坚持和完善中国特色社会主义制度，实现国家治理体系和治理能力现代化，必须坚决维护党中央权威，健全总揽全局、协调各方的党的领导制度体系，把党的领导落实到以人民为中心的中国国家治理各领域各方面各环节。

一、建立不忘初心、牢记使命的制度

坚守初心和使命是巩固党的领导地位的基础和前提。自古田会议以来，我们党就形成了思想建党的制度化传统，把党的初心使命融于党内教育之中，在不同时期先后探索了诸如党内政治生活制度、"三会一课"制度、党内谈心谈话制度、整党整风制度、经常性教育和集中性教育相结合、党委（党组）中心组学习制度，等等。在全体党员、干部中建立不忘初心、牢记使命的制度，就是要求全体党员、干部遵守党章，恪守党的性质和宗旨，坚持用共产主义远大理想和中国特色社会主义共同理想凝聚全党、团结人民，用习近平新时代中国特色社会主义思想武装全党、教育人民、指

---

① 中共中央文献研究室编：《三中全会以来重要文献选编》（上），人民出版社1982年版，第337页。

导工作,夯实党执政的思想基础。要把不忘初心、牢记使命作为加强党的建设的永恒课题和全体党员、干部的终身课题,形成长效机制,坚持不懈锤炼党员、干部忠诚干净担当的政治品格。要全面贯彻党的基本理论、基本路线、基本方略,持续推进党的理论创新、实践创新、制度创新,使一切工作顺应时代潮流、符合发展规律、体现人民愿望,确保党始终走在时代前列、得到人民衷心拥护。

二、完善坚定维护党中央权威和集中统一领导的各项制度

习近平总书记指出:"坚持党的领导,首先是坚持党中央权威和集中统一领导,这是党的领导的最高原则,任何时候任何情况下都不能动摇。"①坚定维护党中央权威和集中统一领导,必须推动全党增强"四个意识"、坚定"四个自信"、做到"两个维护",自觉在思想上政治上行动上同以习近平同志为核心的党中央保持高度一致,坚决防止和纠正一切偏离"两个维护"的错误言行,不得搞任何形式的"低级红""高级黑",绝不允许对党中央阳奉阴违做两面人、搞两面派、搞伪忠诚。坚定维护党中央权威和集中统一领导,必须健全党中央对重大工作的领导体制。加强和优化党对深化改革、依法治国、经济、农业农村、纪检监察、组织、宣传思想文化、国家安全、政法、统战、民族宗教、教育、科技、网络、外交、审计等工作的领导;强化党中央决策议事协调机构职能作用。党的十九届三中全会组建了中央全面依法治国委员会、中央审计委员会、中央教育工作领导小组,中央全面深化改革领导小组、中央网络安全和信息化领导小组、中央财经领导小组、中央外事工作领导小组更名为委员会,同时调整优化中央

---

① 《习近平谈治国理政》第三卷,外文出版社 2020 年版,第 85—86 页。

机构编制委员会。上述这些机构,作为党中央决策议事协调机构,在中央政治局及其常委会领导下开展工作,负责相关领域重大工作的顶层设计、总体布局、统筹协调、整体推进,保证了党中央权威和集中统一领导。

坚定维护党中央权威和集中统一领导,必须完善推动党中央重大决策落实机制。建立落实党中央重大决策监督考核督察机制,尤其是完善党中央重大决策部署和习近平总书记重要指示批示贯彻落实的督察问责机制。坚定维护党中央权威和集中统一领导,必须严格执行向党中央请示报告制度。依据党章和有关党内法规,中央政治局全体成员每年向党中央和总书记书面述职。中央书记处和中央纪律检查委员会,全国人大常委会党组、国务院党组、全国政协党组、最高人民法院党组、最高人民检察院党组每年向中央政治局常委会、中央政治局报告工作。各地区各部门党委(党组)加强向党中央报告工作;坚定维护党中央权威和集中统一领导,必须健全维护党的集中统一的组织制度。要建立党的中央组织、地方组织、基层组织上下贯通、执行有力的严密体系,实现党的组织和党的工作全覆盖。

三、健全党的全面领导制度

健全党的全面领导制度是对党"总揽全局、协调各方"领导地位的准确定位。首先,实现党全面领导制度化、法治化。制定党领导经济社会各方面重大工作的党内法规,在新制定和修改的相关法律中明确规定党领导相关工作的法律地位,坚持将党的全面领导的要求载入人大、政府、法院、检察院的组织法,载入政协、民主党派、工商联、人民团体、国有企业、高等学校、有关社会组织等的章程,确保党在各种组织中发挥领导作用。完善党领导中国特色社会主义各项事业的具体制度。如党领导经济工作、宣传思想工作、新闻舆论工作、民族工作、宗教工作、军队工作、统战工作、哲学社会科学工作、高校工作、文艺工作、金融工作、"三农"工作、国家安全工作、教育工作、工会工作、青年工作、中央和国家机关党的建设工作等各项制度，把党的领导落实到统筹推进"五位一体"总体布局、协调推进"四个全面"战略布局各方面。

健全各级党委（党组）工作制度。要理顺各级党组织同其他组织的关系，更好发挥好党总揽全局、协调各方作用。在国家机关、事业单位、群团组织、社会组织、企业和其他组织中设立的党委（党组），接受其批准成立的党委统一领导，定期汇报工作，确保党的方针政策和决策部署在同级组织中得到贯彻落实。2015 年施行的《中国共产党地方委员会工作条例》、2019 年修订后施行的《中国共产党党组工作条例》等，是确保各级党委（党组）发挥全面领导作用的制度保障。

完善党和国家机构职能体系。党的有关机构同职能相近、联系紧密的国家机构中的其他部门要统筹设置、合并设立或合署办公，实行归口领导、归口管理、统一领导、统一管理，统筹本系统本领域工作，把党的领导贯彻到党和国家所有机构履行职责全过程，推动各方面协调行动、增强合力。

四、健全为人民执政、靠人民执政各项制度

为人民执政、靠人民执政是党的领导的根本目的和根本方式。党的十九大报告明确指出："把党的群众路线贯彻到治国理政全部活动之中"[①]。党的十九届四中全会通过的重要决定也指出："坚持立党为公、执

[①] 中共中央党史和文献研究院编：《十九大以来重要文献选编》（上），中央文献出版社 2019 年版，第 15 页。

政为民,保持党同人民群众的血肉联系,把尊重民意、汇集民智、凝聚民力、改善民生贯穿党治国理政全部工作之中,巩固党执政的阶级基础,厚植党执政的群众基础,通过完善制度保证人民在国家治理中的主体地位,着力防范脱离群众的危险。"①首先,要完善党员、干部联系群众制度。比如,2012 年,中央政治审议通过关于改进作风、密切联系群众的八项规定,各地区各部门各单位先后出台落实中央八项规定精神的具体措施及配套制度,并在实践中不断完善。全国各地建立和完善了领导干部调查研究、定期接待群众来访、同干部群众谈心、群众满意度测评等制度,建立和完善民意调查等制度,利用传统媒体和互联网等渠道了解社情民意,倾听群众呼声,等等。其次,创新互联网时代群众工作机制。全国各地都在探索"支部建在网上",积极运用新媒体、大数据、人工智能等信息技术,开辟党密切联系群众的新空间,构建网上网下同心圆。最后,健全联系广泛、服务群众的群团工作体系。2015 年以来,党中央按照"六个坚持"的基本要求和"三统一"的基本特征,部署了群团组织改革,全面推动各人民团体增强政治性、先进性、群众性,把各自联系的群众紧紧团结在党的周围。

五、健全提高党的执政能力和领导水平制度

党的十六大报告提出提高党的领导水平和执政水平、提高拒腐防变和抵御风险能力这两大历史性课题,解决好这两大课题对于全面建设小康社会、开创有中国特色社会主义事业新局面、推进党的建设新的伟大工程意义重大。由此可见,党的执政能力和领导水平决定着党治国理政成

---

① 《中国共产党第十九届中央委员会第四次全体会议文件汇编》,人民出版社 2019 年版,第25—26 页。

效,是建立和完善党的领导制度体系的基础。

严格执行民主集中制的各项具体制度。民主集中制是党的根本组织原则和根本领导制度。要健全党领导国家权力机关、行政机关、监察机关、司法机关和人民团体的制度,健全各级党委(党组)的工作制度和行为规范。严格执行《关于新形势下党内政治生活的若干准则》,健全各级党委的议事决策规则,健全正确处理上下级党组织工作关系的具体制度,保证全党在思想上、政治上和行动上高度一致。把发展党内民主和实行正确集中结合起来,提高党把方向、谋大局、定政策、促改革的能力,真正把民主集中制的优势变成党的政治优势、组织优势、制度优势、工作优势。

增强各级党组织的政治功能和组织力。党中央是大脑和中枢,必须有定于一尊、一锤定音的权威。党的地方组织必须确保党中央决策部署贯彻落实,有令即行、有禁即止。党委(党组)要在同级组织中发挥总揽全局、协调各方作用。实现党的一切工作到支部,把党的基层组织建设成宣传党的主张、贯彻党的领导决定、领导基层治理、团结动员群众、推动改革发展的坚强战斗堡垒。要贯通中央和国家机关贯彻落实党中央决策部署这个"最初一公里"、地方党委这个"中间段"以及各类基层党组织这个"最后一公里",实现党的组织体系上下贯通、执行有力。

健全决策机制。加强重大决策的调查研究、科学论证、风险评估,强化决策执行、评估、监督。在政策研究上,要拓宽听取民意的途径、丰富了解民意的方式。在政策制定上,要把尊重民意、汇聚民智、凝聚民力、改善民生放在首位。在政策评估上,要把有利于发展社会主义社会的生产力,有利于增强社会主义国家综合国力,有利于提高人民生活水平,作为总出发点和检验标准。在决策督查和反馈机制上,加强决策执行的跟踪,及时调整不够科学合力的决策,坚决纠正执行决策不到位不准确的现象。完善干部担当作为的激励机制。建立崇尚实干、带动担当、加油鼓劲的正向激励体系。促进各级领导干部增强学习本领、政治领导本领、改革创新本领、科学发展本领、依法执政本领、群众工作本领、狠抓落实本领、驾驭风险本领，发扬斗争精神，增强斗争本领，切实提高党员干部治理能力。

六、完善全面从严治党制度

完善全面从严治党制度，是党永葆先进性和纯洁性、巩固党的领导地位的根本保证。必须贯彻新时代党的建设总要求，深化党的建设制度改革，坚持依规治党，建立健全以党的政治建设为统领，全面推进党的各方面建设的体制机制。坚持新时代党的组织路线，健全党管干部、选贤任能制度。规范党内政治生活，严明政治纪律和政治规矩，发展积极健康的党内政治文化，全面净化党内政治生态。完善和落实全面从严治党责任制度。建立明责、履责、问责机制，明确各级党组织担负起全面从严治党主体责任，各级纪委担负起监督责任，领导班子成员履行"一岗双责"，党支部发挥管党治党基础组织作用，层层落实管党治党政治责任，把党的领导体现到日常监督管理中。大力纠治形式主义、官僚主义，着力解决党性不纯、政绩观错位的问题，着力解决文山会海反弹回潮的问题，着力解决督查检查考核过多过频、过度留痕的问题，着力解决干部不敢担当作为的问题，不断增强党的创造力、凝聚力、战斗力，确保党始终成为中国特色社会主义事业的坚强领导核心。

第三节　建设人民满意的服务型政府

政府是国家治理的重要主体，承担着按照党和国家决策部署推动经济社会发展、管理社会事务、服务人民群众的重大职责。行政体制是中国特色社会主义制度的重要组成部分，是经济、社会、文化、生态文明等各项制度的联结枢纽，也是推进国家治理体系和治理能力现代化各方面改革的结合点和关键环节。党的十九届四中全会明确指出："必须坚持一切行政机关为人民服务、对人民负责、受人民监督，创新行政方式，提高行政效能，建设人民满意的服务型政府。"①新时代建设人民满意的服务型政府是以人民为中心的国家治理观在政府治理领域的具体体现，其核心问题是要正确处理好政府与市场关系，让市场在资源配置中起决定性作用，更好发挥政府作用。

一、完善国家行政体制

国家行政体制是由经济基础决定的上层建筑。新时代完善国家行政体制的核心任务是，健全政府部门协调配合机制，深化行政执法体制改革，创新行政管理和服务方式，推进全国一体化政务服务平台建设，提高政府执行力和公信力，最终全面提升政府治理效能。

（一）健全政府部门协调配合机制

2018 年深化党和国家机构改革聚焦政府职能优化设置，通过梳理各部门事权类型和特点，提出"一类事项原则上由一个部门统筹、一件事情原则上由一个部门负责"的改革思路，整合相近或联系紧密的事权组建新机构。然而，机构改革不可能将所有存在职责关联的部门都整合成一个机构，根据分工设立部门是科层组织的常态。要牢固树立"一盘棋"思

---

① 中共中央党史和文献研究室编：《十九大以来重要文献选编》（中），中央文献出版社2021 年版，第 279 页。

维,科学界定部门分工和权限,理顺部门职责关系,尽可能避免出现职责缺位、错位、越位现象。在机构编制管理部门建立部门职责履行综合监督协调机制,促进各部门密切配合,各负其责、形成合力。党委政府可以针对重点任务加强部门间的工作沟通与政策协调,建立形式灵活便捷的部门联席会议机制,优化资源配置,降低行政成本,提高政府的整体工作效率。近年来,各地围绕健全部门间协调配合机制,以更好地为基层群众做好服务,在基层治理中探索出了许多新做法、新模式。比如,北京市把党建与基层治理结合起来,通过党建引领,探索建立了"街乡吹哨、部门报到"机制——当街乡遇到需要跨部门、跨区域解决的难题时,由街乡"吹哨",发出集结令;相关部门"报到",让各类城市管理力量在街乡综合下沉、力量聚合,形成权责清晰、条块联动的体制机制。这个机制的目的就是要让党员干部围着问题转、围着群众转,形成解决问题的合力,切实保证了基层事情基层办、基层权力给基层、基层事情有人办。我们常说,群众有所呼,政府有所应,一切以人民为中心,这正是"街乡吹哨、部门报到"机制的意义所在。

(二)深化行政执法体制改革

行政执法体制改革点多面广,与人民群众切实利益直接相关,必须加强顶层设计,落实好减少事项、整合力量、改进方式、重心下移等举措,切实提高人民群众对行政执法的满意度。党的十九届三中全会、四中全会将深化行政执法体制改革作为一项重要任务,明确中央部委层面行政执法指导部门,从横向和纵向两个层面统筹推进综合执法改革。横向上,设立行业"大部门"综合执法机构有利于整合执法职能、减少多头执法,避免监管漏洞和执法真空现象,推动形成责权统一、精简高效的基层综合行政执法体制。纵向上,厘清不同层级政府的职能,减少执法层次,将面向基层、面对老百姓的执法职能下放到基层，实现执法重心和资源下沉。

（三）创新行政管理和服务方式

计划经济时期政府管理以行政审批为中心，随着市场经济的发展，政府管理重心逐渐由事前审批向事中事后监管和公共服务转移。中国特色社会主义进入新时代，对政府管理方式提出了新的要求。创新行政管理和服务方式，就是要将行政资源从事前审批中解放出来，在经济调节、市场监管、公共服务、社会管理、生态保护等职能履行上投入更多力量。针对新技术、新业态、新模式，必须创新政府监管方式，广泛运用大数据、风险管理、社会信用等新型监管工具提升监管水平和效率。在基层监管一线，应当加快推进综合执法机构机制改革，推动人、财、物等资源向基层倾斜，有效减少监管盲区、降低执法成本。将以人民为中心作为核心理念创新行政管理和服务方式的典范，就是肇始于浙江、推广于全国的"最多跑一次改革"，这项改革以人民群众到政府办事"最多跑一次"为理念与宗旨，以与人民群众生产生活关系最密切的事项为改革起点，以人民群众的获得感、满意度为评判改革成效的核心标准，具有显著的"需求导向""问题导向""效果导向"特征，"最多跑一次"的主语是人民，对象是人民，目的就是要让政府的公共服务供给与人民群众现实需求相匹配，真正体现"以人民为中心"的工作理念，是对传统政府管理模式下以行政审批为中心的实践导向的突破和超越。

（四）提高政府执行力和公信力

改革重在落实，也难在落实。抓改革落实就是要不断提升政府执行力，确保中央各项决策部署尽快落地生根、取得预期成效。提升政府执行力和公信力，关键在于运用科学的方法狠抓政策落实。一要提升绩效管理制度的科学性和有效性，完善奖优罚劣、容错纠错机制，调动各地区各部门激励担当作为。健全正向激励机制。二要优化督查督办方式方法。运用现代绩效管理理念构建集目标设定、执行监控、进展反馈和成效评估于一体的督查考核闭环系统，委托智库等第三方机构实施重大决策落实情况专项评估。三要着力加强政务诚信建设。强化政务诚信，绝不能"新官不理旧账"。持续推进政务公开质量提升，不断优化政府网站、"两微一端"、政务热线电话等政务公开平台功能，让决策、执行、管理、服务和结果公开更及时。

二、优化政府职责体系

优化政府职责体系是构建职责明确、依法行政的政府治理体系的重要内容，是坚持和完善中国特色社会主义行政体制的必然要求，也是推进国家治理体系和治理能力现代化的题中应有之义。新形势下，优化政府职责体系要通过持续推进放管服改革、不断完善宏观调控、稳步提高公共服务能力、大力强化生态环境保护四个方面加以全面推进。

（一）持续推进放管服改革

深化"放管服"改革是加快建设服务型政府的必然要求，也是激发市场活力和社会创造力的关键举措。一是深化行政审批制度改革。最大限度减少政府对市场活动的直接干预，管住"看得见的手"，凡是市场机制可以有效调节的事项以及社会组织可以替代的事项、凡是公民法人在法律范围内能够自主决定的事项，原则上都不应设立行政许可，真正落实企业生产经营和投资自主权。二是强化市场监管。推进"双随机、一公开"监管全覆盖，努力实现"进一次门、查多项事"。完善信用监管制度，防止出现"失信泛化"等情况，采用大数据监管等新方式，提升监管执法规范性和透明度。三是创新行政管理和服务方式。建立健全运用互联网、大数据、人工智能等技术手段进行行政管理的制度规则。推动更多服务事项一网通办，实现让群众办事更便捷。

（二）不断完善宏观调控

科学有效协调的宏观调控是实现经济社会平稳健康发展的重要保障，是完善社会主义市场经济体制、推进国家治理体系和治理能力现代化的客观要求。加快建立与高质量发展要求相适应、体现新发展理念的宏观调控目标体系、政策体系、决策协调体系、监督考评体系和保障体系。科学稳健把握宏观政策逆周期调节力度，更好发挥财政政策对经济结构优化升级的支持作用，健全货币政策和宏观审慎政策双支柱调控框架。完善标准科学、规范透明、约束有力的预算制度，优化财政支出结构，保障调结构、促改革、补短板、惠民生等重点领域支出需要。强化经济监测预测预警能力，充分利用大数据、人工智能等新技术，建立重大风险识别和预警机制，加强社会预期管理。

（三）稳步提高公共服务能力

一方面，加强公共服务体系建设。创新公共服务供给机制，推动提供主体多元化、提供方式多样化，着力推进基本公共服务均等化、优质化，更好满足人民群众对高质量公共服务的新需要。提高基本医疗服务水平，推进分级诊疗。稳定教育投入，优化投入结构，完善随迁子女义务教育入学政策，办好特殊教育、继续教育，支持和规范民办教育等。加大基本民生保障力度，完善社会救助制度，保障困难群众的基本生活。另一方面，制定完善国家基本公共服务标准，建立基本公共服务清单动态调整机制，推进基本公共服务均等化、可及性，促进公共资源向基层延伸、向农村覆盖、向边远地区和生活困难群众倾斜，促进全社会受益机会和权利均等，让人民群众在改革发展中有了更多获得感、幸福感，让所有人都有更光明的未来。

（四）大力强化生态环境保护

人民群众对优美生态环境需要已成为我国社会主要矛盾的重要方面，必须大力强化政府的生态环境保护职责，提供更多优质生态产品。一是用最严格制度、最严密法治保护生态环境。健全源头预防、过程控制、损害赔偿、责任追究的生态环境保护体系。加快建立健全国土空间规划和用途统筹协调管控制度，完善主体功能区制度。二是严明生态环境保护责任制度。建立生态文明建设目标评价考核制度，严格落实企业主体责任和政府监管责任，实行生态环境损害责任终身追究制。三是全面建立资源高效利用制度。完善绿色生产和消费的法律制度和政策导向，落实资源有偿使用制度，健全资源节约集约循环利用政策体系。四是健全生态保护和修复制度。统筹山水林田湖草沙一体化保护和修复，加强对重要生态系统的保护和永续利用。

三、优化政府组织结构

持续推动政府机构设置更科学、职能更优化、权责更协同是优化政府组织结构的主要目标，也是践行以人民为中心的发展思想的客观需要。深化党和国家机构改革对政府组织结构进行系统性重构，当前和今后一个时期要不断适应经济社会发展需要，进一步完善体制机制推动政府机构运行更加顺畅高效。按照扁平化、高效率的要求，完善行政管理组织体系,综合设置职能相近的政府部门,根据基层事务特点构建简约高效的基层管理体制。

(一)推动政府机构改革发生"化学反应"

针对政府机构设置和职责划分不够科学、职责缺位和效能不高等问题,2018 年党中央深化党和国家机构改革,坚持优化协同高效原则,以提升执行力为目标构建职责明确、依法行政的政府治理体系。2019 年 7月,习近平总书记在深化党和国家机构改革总结会议上强调,"完成组织架构重建、实现机构职能调整,只是解决了'面'上的问题,真正要发生'化学反应',还有大量工作要做"①。深化党和国家机构改革的前半篇文章已经全面收官,改革后的各类机构正在履行全新职责、释放改革红利。写好机构改革的后半篇文章,关键是要强化制度执行力,把党中央机构改革决策部署与推进国家治理体系和治理能力现代化结合起来,推进机构、职能、权限、程序、责任法定化,促进党和国家机构职能体系重组发生"化学反应",从整体上推动各项制度更加成熟、更加定型。

(二)提高中心城市和城市群综合承载和资源优化配置能力

党的十九届四中全会明确提出要优化行政区划设置,提高中心城市和城市群综合承载和资源优化配置能力。当前,新型城镇化建设中地方政府存在多种行政区划调整的政策选择,应当根据城镇化发展进程统筹推进。新时代提高中心城市和城市群综合承载和资源优化配置能力,应当统筹考虑省直管县、撤县设区、县改市、镇改市等改革。省直管县改革的实施范围应重点考虑有利于形成省内经济中心的县市、人口大县、经济

———————
① 《习近平谈治国理政》第三卷,外文出版社 2020 年版,第 106 页。

强县和有城镇化特色的县市。加强市县关联度测试,对与中心城市空间距离较近、产业互补性强、资源一体化程度高的县考虑撤县设区,以促进区域经济一体化和实现公共服务均等化。从世界经验来看,以中心城市为龙头的城市群代表了全球经济发展和人口集聚的基本趋势,如东京湾区、纽约湾区、旧金山湾区和大伦敦都市区等世界知名城市群,以较强的综合承载能力集聚全球创新要素,引领世界经济发展。近年来,我国京津冀、长三角、粤港澳、成渝等 19 个城市群成为承载发展要素、引领高质量发展的主要空间载体,承载全国 78%的人口,贡献超过 80%的 GDP,取得令人瞩目的成就,其中,京津冀、长三角、珠三角、成渝、长江中游等城市群以 10.4%的国土面积,集聚了近 40%的人口,创造了超过一半的国内生产总值。

(三)构建简约高效的基层管理体制

简约高效的基层管理体制是国家治理现代化的基础。党的十八大以来,全国各地优化配置执政资源,改革基层管理体制,探索了一批具有典型示范意义的做法和经验。完善党组织总揽全局、协调各方的基层治理组织体系。建立健全党对基层城市和农村工作的领导体制机制。基层党委和政府是责任主体,要建立健全党委统一领导、党政齐抓共管的工作格局。加强城市规划建设管理部门、农村农业部门职能配置,确保党的方针政策和决策部署得到贯彻落实。因地制宜地建立具有地方特色的市县区级政府大部门体制。推动基层治理重心和配套资源向街道社区下沉。优化街道社区机构设置,按照精简高效原则整合审批、服务、执法等方面力量设立扁平化综合性机构。运用网络信息技术手段,提升基层治理水平。充分运用大数据、区块链、人工智能等新技术,创新工作载体和方式方法,构建全天候、全覆盖、立体化的基层治理工作体系。

四、发挥中央和地方两个积极性

中央和地方关系是一个国家最重要的制度安排,尤其是我国这样一个幅员辽阔、人口众多、情况复杂的多层级政府国家,中央和地方关系问题更是极为重要。党的十九届四中全会把"健全充分发挥中央和地方两个积极性体制机制"①作为推进国家治理体系和治理能力现代化的重要内容作出了部署,标志着我们对中央和地方关系的认识达到新的高度。

(一)维护中央权威实现"三个统一"

发挥中央和地方两个积极性,必须考虑独特的历史文化、特殊的现实背景等国情因素,从我国特有的制度基础出发,兼顾各项事权的内在属性和外部性、管理信息复杂程度等因素。发挥中央和地方两个积极性,既有中央向地方的"放权",也有中央对地方的"收权"。充分发挥地方积极性、主动性的前提是坚决维护中央统一领导,增强"四个意识",坚定"四个自信",做到"两个维护",实现"三个统一"。第一,维护法制统一,坚持依法治国,自觉遵守宪法、法律和行政法规,地方性法规和政府规章的制定应与上位法相统一。第二,维护政令统一,认真贯彻党中央大政方针,落实党中央、国务院重大决策部署,执行国务院制定的行政法规、发布的决定命令、出台的具体政策。第三,维护市场统一,坚决反对地方保护主义,清理废除妨碍统一市场和公平竞争的各种规定和做法,维护全国市场体系的统一性。充分发挥市场在资源配置中的决定性作用,更好发挥政府作用,激发人民群众和各类市场主体创新创造创业活力。

---

① 中共中央党史和文献研究室编:《十九大以来重要文献选编》(中),中央文献出版社2021年版,第280页。

（二）尊重首创精神调动地方积极性

我国幅员辽阔、人口众多、情况复杂、各级政府资源禀赋、功能特点各异，区域发展不平衡，必须注重发挥地方积极性，形成协同效应。一方面，赋予地方更多自主权，把地域信息性强、外部性不显著、直接面向基层、与辖区居民利益密切相关的事务交给地方，由地方实施更为便捷有效的管理，特别是行政审批、便民服务，资源配置、市场监管，综合执法、社会治理等具体事项要逐级下放，使基本公共服务受益范围与政府管辖区域保持一致，激励地方政府保障好辖区范围内的基本公共服务供给。另一方面，支持地方创造性开展工作。强化结果导向，避免过度留痕、过多检查，切实为基层减负松绑，把工作成效作为考核、督察、评价的根本标准。强化容错机制，防止问责泛化，鼓励担当作为，支持地方围绕中央顶层设计进行差别化探索，及时把地方成功的改革经验和体制机制探索成果在面上推开。总的原则是按照权责一致原则，处理好"条""块"关系，既避免职责交叉、事权重叠，也要防止各行其是、推诿扯皮。

（三）建立健全发挥两个积极性的中央和地方财政关系

合理划分事权和财权是现代国家治理的重要基础和支柱，也是健全充分发挥中央和地方两个积极性体制机制的重要内容。首先，事权划分做到权责清晰，合理划分各领域中央和地方各级事权和支出责任。对那些关系全国政令统一、促进区域协调发展的重大事务管理权要集中到中央，由中央财政承担支出责任；对区域性公共服务事项，由地方履行事权和支出责任；对中央和地方共同事权，实行支出责任分担机制。其次，实现财力协调，形成与承担职责相适应的财政体制。"一级事权、一级财权"最有利于地方积极性的发挥。按照效率、适应、恰当和经济利益等原则，进一步明确中央税、地方税和中央地方共享税的范围。最后，完善和优化财政转移支付制度,为各级政府履行事权和支出责任提供财力保障。通过加强中央财政对资源匮乏地区、农产品主产区、生态功能区财力缺口的弥补,增强财政困难地区兜底能力,确保政权运转、民生保障和基本公共服务供给,促进区域均衡,稳步提升区域间基本公共服务均等化水平。

后　记

当前,全党全国人民都在积极落实党的十九届六中全会确立的"十个坚持"要求,努力贯彻"十四五"规划关于推进国家治理体系和治理能力现代化的部署。在党的二十大召开前夕,中央党校(国家行政学院)马克思主义学院党总支组织青年教师,对中国治理的重要成就和主要经验进行了梳理,并结合习近平总书记关于以人民为中心的重要论述,深入组织了研讨,取得了积极的思想成果。在此基础上,马克思主义学院党总支考虑,撰写一本面向党员干部的理论读物,系统阐释"以人民为中心"的立场在中国治理中的特殊意义和作用。

本着这样的初心,马克思主义学院建立了编委会,以马克思主义学院九个党支部为单位,将全书分为九个章节,全书重点阐述以人民为中心的理念和治理框架;着重论述"五位一体"总体布局下以人民为中心的国家治理特色;突出阐明加强党的领导在以人民为中心国家治理中的重要作用。党总支依据所在部门的学科特色和个人的学术专长,具体分工如下:第一章张楠楠;第二章田书为、王巍;第三章张丽丝、胡炜杰;第四章黄锟、蒋茜、朱正平、周钊宇;第五章王琪;第六章唐爱军、薛睿;第七章张严、李宏伟;第八章魏静茹;第九章柳宝军、崔丽华。由马克思主义学院院长、党总支书记张占斌,专职副书记薛伟江负责策划选题、拟定提纲及统稿工作。

我们相信,《以人民为中心:中国治理的核心密码》一书的出版,是一份能够帮助广大党员干部深入理解习近平总书记关于以人民为中心重要论述的理论读物,也是一本全面展示中国治理的特色与优势生动读本。同时,我们也希望干部群众对《以人民为中心:中国治理的核心密码》一书的出版予以关注,提出意见建议。此外,特别感谢人民出版社对《以人民为中心:中国治理的核心密码》编辑出版的大力支持。